# ボンジュールていねん

―定年後を海外で過ごしてみませんか―

おぐら のぶお

東京図書出版

# はじめに

私たち夫婦は定年後フランスに居を構えた。二年ほど経ってフランスでの生活がやや落ち着いたころ、私はある出版社が企画した原稿募集に、その満ち足りた生活とそこまでに至った経緯を「ボンジュールていねん　—フランスでの年金生活—」と題して応募した。編集担当者から、「定年後を海外で過ごしたいという夢はあっても、永年慣れ親しんだ生活に区切りをつけることは大変勇気のいることです。これからの日本は高齢者が増えていきます。定年などまだまだ人生の中間点と考え、次の目的を定めて楽しむことが日本人にも必要となるでしょう。そうした時代に先駆けた貴重な体験を日本人に伝えるためにも是非出版を実現してみませんか」と丁重なコメントとともに、昨今の厳しい出版業界の現実にも触れ、「自費出版ならば協力を惜しまないが」と見積書を添えた回答が返ってきた。しかし当時の私たちはフランスでの年金生活というこのチャレンジに挑戦はしたもののまだ先の見通しも定かでなかったために、出版社から提示された自費出版の費用は不時の出費に備えることにして出版を見合わせた。

あれから十七〜十八年の時が流れた。その時の草稿をいま読み返してみても、当時私たち夫婦が計画したフランスでの年金生活は、決して絵空事ではなかったと断言出来る。現に、私が七十歳になるまでの五年間をフランスで過ごすとした当初の計画をはるかに超えて十余年間の、現役時代とはまた一味異なった中味の濃い定年生活を楽しんだからだ。勿論私たちが健康に恵まれたことも幸いした。

ここで当時の計画について振り返ってみよう。

フランスに住んでまもなく、かつての同僚の一人が手紙をくれた。

「おぐらさん、人生は一度限りです。明日のことはわかりません。先のことなど考えずに奥さんともどもフランスの生活を楽しんで下さい。かのゲーテも言っているように、過ぎ去ったことは忘れ、今日は今日一日を楽しみ、明日のことは神にまかせよ、です」

私たち夫婦がアフリカで十数年過ごした後に会得した心境を、はからずも言い得て妙な、実に嬉しい便りだった。言われるまでもなく私たちが最初に考えたのは「発想の転換」だった。サラリーマンにとって「定年」は人生最大の転機とも言えるだろう。この時期に移住とまではいかないにせよ、外国に居を移そうかと計画するわけだから、いろいろな意味で発想を変えることが必要だった。

私たちの基本的な考え方は、先ず第一に「遊び心」を優先させること、第二に今後の生活に占める「遊びの割合」を決めること、そして第三に「経済的な問題」だった。

第一の「遊び心」とは、これからの生活が本当の意味での自分たちの生活であるとはっきり割り切ることで、これまで働いた自分に対する慰労だと考えるのもよし、またこれまで協力してくれた伴侶への感謝の気持ちだとするのもよいだろう。何にも縛られずに思いのままに生活出来るのが、定年後の第二の人生だと認識することで「遊び心」の余裕が生まれてくるはずである。

私よりも先に定年を迎えて気儘にちょっぴり優雅な生活を送っていた同じ世代のフランスの友人たちは、私がリタイアしたと知ると、口をそろえて祝ってくれた。

「おめでとう、これからが君の人生だ」

私もすっかりその気になって、毎日が日曜日の怠惰な生活を楽しんでいたが、そのうちに日本ではどうも勝手が違うことに気がついた。

「最近はどうしていますか」

「えっ、もう働かない？　もったいない」

「何処も放っておかないでしょう」

　こんな言葉ばかりが返ってくる。まだ同じ世代の者は第二、第三の職場で働いているので「もう充分働いたから」とは、嫌味にもとられそうでうっかり言えない。働くことが美徳であると教えられたわれわれ世代の日本人には、働いていないとたとえそれが定年後であっても気になるのだ。しかし一方で、私の周りには毎年のバカンスのために働いているとしか思えないフランス人が大勢いた。「遊び」に長けたフランス人の誘惑があふれていた。「遊び心」は、どうせある年齢に達すれば自然に薄れてくるだろう。体力的にも、精神的にも限度があるわけだから、仕事を離れたこの機会に、限られた時間を満喫しようというだけのことだ。


　第二に、これからの生活に占める「遊びの割合」を決めておくことだ。

　何もこの先、一生外国に住むつもりはない。体力的にスポーツや車の運転や旅行が楽しめる期間は自分でも予測出来るし、寂しいことだがいろいろな物に対する感度や好奇心は年齢とともに衰えてくるはずだ。これらを総合すれば、これから先、何年、何歳まで海外で無理なく生活を楽しむことが出来るかは容易に割りだすことが出来る。

フランスに住んで一年も経たぬ頃だったと思うが、たまたま一緒にコースを回った五十がらみのフランス人のゴルファーが私の年齢を聞いた後に言った。

「いいなあ、これからまだ十年はゆっくりゴルフを楽しめますね。人生最良の期間ではないですか。しかも貴方たちはご夫婦ともゴルフをされるから羨ましい。ウチの女房はゴルフをしないので月に一度来るのがやっとですよ」

私たちの場合、私が七十歳に達するまでの数年間を半年フランスで過ごし残りの半年は日本で過ごすという計画を立てた。日本では友人との付き合いや孫たちとの団欒もあるだろう。時にはこれまで世話になった地域社会への小さな奉仕や、短期間の仕事があるかもしれない。だから百パーセント遊びに徹するわけではなく、これから先の数年間の、その半分をフランスで楽しもうというわけだ。勿論これは基本的な考えだから、その時その場での健康状態や経済事情に応じていくらでも変更するつもりだった。実際私たちの場合、こんな計画を立てておきながら、二年目には年の三分の二をフランスで過ごしたし、その後は全く帰国しなかった年の方が多かった。そして気が付いた時には早くも予定の七十歳を超えていた。

第三の「経済的な問題」は、前述のように期間をかぎることで、ある程度解決出来るだろう。

「遊びの割合」に応じた生活設計と予算を組むことで可能となる。また逆に予算に応じて「遊びの割合」すなわち海外での居住期間を決めることももちろん可能だ。毎日の生活費は日本にいても外国に住んでも基本的にはほぼ同じようにかかるわけで、これに余分な「遊び」の費用をどれだけ必要とするかということだ。要は、この出費を非生産的に遊んで過ごす費用だと割り切ることだ。この発想の転換は第一の「遊び心」と異なり、人によって異なる。財産を築くことに生き甲斐を感じる人、社会的な地位に固執する人、ボランティア活動に喜びを見出す人と、個人の価値観は人それぞれだから「遊びの割合」も各人異なるのは当然だ。殊に個人の価値観は経済観念や金銭感覚の度合いによって大きく異なるので、ここで一概に決めつけてしまうわけにはいかない。

もうかなり前になるが、ある銀行が企画したセミナーを聴きに行った。セミナーは高齢者向けの資金運用や相続・遺言がテーマだったが、七十代の講師の考えは私と全く同じだった。

「定年を迎えた者は誰しもが生き甲斐のある第二の人生を求めるものですが、『お金』と『健康』は決して生き甲斐そのものではありません。お金も健康も生き甲斐を得るための手段に過ぎないはずです。中にはお金を貯めることに生き甲斐を感じているような人も見かけますが、私に言わせれば非常に侘しい気の毒な人に思えます。また健康のために一日一万五千歩歩くことを生き甲斐のように実践している人を知っていますが、これもどうかと思います」

私は定年を迎える人達に改めて言いたい。「これからのチャレンジはまさに自分自身のためです。定年を迎えて、過去の成功や栄光も、失敗や挫折もすっかり消え去りました。白紙の自分に戻って新しい自分の人生が始まります。ご夫婦で改めてこれからの人生を設計して下さい。なんとやり甲斐のあるチャレンジではありませんか、必ずや満足される結果がついてくるはずです」と。

ボンジュールていねん ◇ 目次

# 第一部

# 定年後をフランスで過ごすために

## パリ郊外にアパルトマンを買う

仕事の関係で私は五十代の大半をアフリカに勤務した。もう少し詳しく説明すると、ニジェール共和国という、日本ではほとんど知られていない西アフリカの一国に、民間会社の駐在員として三年弱の単身赴任生活、それから五年ほどおいて国際協力事業団（現国際協力機構）から派遣されて同じ国の政府機関にアドバイザーとして十年間の、合計十三年間を過ごした。子育てから手の離れた妻のゆきこも、あとの十年間は一緒だった。

海の大好きな私たち夫婦にとって、かつてのフランスの植民地でサハラ砂漠に囲まれた内陸国、ニジェールでの生活は、何とも皮肉でちょっぴり残酷な話だった。日本にいるときから無料で送られていたある大手住宅会社の情報サービス誌には、いつも多くの別荘物件が載っていた。伊豆の温泉つき別荘地、南伊豆で海一望、花と海の南房総などなど、宣伝文句はかぎりなく続いていた。砂漠の国に住む私たちに夢を運んでくれる数少ない情報の一つだった。まだバブル景気の始まる前だったから、無理をすれば私たちにも手の届きそうな金額だった。

一時帰国の機会に、久しぶりに伊豆の海岸を訪れ、半島の南端まで足を延ばしてサービス誌にあった売り出し中の「海一望」を見に行った。海岸線に対して直角に切れた沢沿いの小道を五百メートルほど登ったところに四、五十区画の宅地があって、すでに二十戸ばかりの建売住宅が完成していた。案内所から出てきた責任者の勧めで、ほぼ完成したモデル住宅を見せてもらった。

「今年の販売分十五戸に限って六千万円、まだまだ上がる可能性があるのでこれ以上は売りません。来年は恐らく八千万円になります」

尋ねもしないのに案内の人は自信たっぷりで説明してくれたが、その二階建てのどの窓からも見えるのは雑木林ばかり。海一望に期待した私たちは腑に落ちない気持ちで階段を降りかけた。するとその階段の途中に仕切った小窓から、はるか彼方の重なった丘の隙間に逆三角形の小さな海が見えた。時代がすでにバブル経済に突入していたことをアフリカにいて実感していなかった私たちは、日本でセカンドハウスを持つことを潔く諦めた。

フランスの大手石油会社エルフ・アキテーン社を定年退職して私たちよりも早くアフリカを出て行った友人のアンドレ・ルチュリエは、パリ郊外の自宅を売却し南仏カンヌからちょっと入ったムージャンというところに土地を買ってミストラル・スタイルの豪邸を建てていて、アフリカ勤務の私たちは休暇でヨーロッパに出るとたびたびそこに泊めてもらった。東京の土地の値段が気違いじみて高いことを知っているルチュリエ夫妻は、隣の区画が空いているから東京の家を売ってこっちに引越して来いとしきりに誘ってくれた。ここは、パーク・ド・ムージャンと称して、一区画千平方メートルの土地が三十区画ほどまとまっており、あたかも居留地のように独立している。ちょっと映画の一シーンを思わせるように、リモコン操作で開けたパークの門をくぐって、自分の屋敷までしばらく車を走らせる。ここの住人は、リタイアしたフランス人が半分、残りは返還後の香港から引き揚げてきた英国人や、退職した北欧の外交官、リタイアしたイタリアの実業家、めったに姿をみせぬアラブの国の富豪などさまざまだ。アンドレはこのパークの隣組の会長を引き受けていて、さかんに私たちを引き込もうと誘ってくれた。もちろん私たちにそんな気持ちも経済的な余裕もないが、南仏の海だけは最高に魅力的だった。

日本の海を諦めた私たちはアフリカから健康管理休暇でヨーロッパに出てくるたびに南仏の

ニースに足を運んだ。そしてニースの海岸、プロムナード・デ・ザングレに並ぶアパルトマンの値段を不動産屋に聞いて回ったが、たまたま季節はずれの十一月に訪れたニースは、これまでのニースとは全くおもむきを異にしていた。夏の海と違って静かな初冬の海は一段と美しく広がっていた。だが、海岸に並ぶ高級アパルトマンの大半がシャッターを下ろして人の気配もなく、日が暮れると灯のともる窓を探すありさまだった。夏のあいだ、道路狭しとばかりにテーブルを引っ張りだして真夜中まで観光客をひきつけていたピエトン（歩行者天国）のレストランは人影もなく店を閉め、照りつける南仏の太陽の下に繰り広げられていたあの陽気な賑わいがまったく嘘のように静まり返っていた。この変わりざまに大きなショックを受けた私たちは結局、南仏の海辺に住むことも諦めた。

それではパリに。日本と南仏の海を諦めた私たちは、土地勘のあるパリ周辺を候補地に選んだ。アフリカでの仕事でたまたま知り合ったフランス在住の日本人の方が不動産も手がけているということだったので、もし適当な物件が出たときには連絡してもらうことにした。先に述べた日本のバブル経済は、日本の大小の企業に海外進出の夢を植え付けていた。フランスのブドウ畑を買いとったり、ゴルフ場の経営に乗りだしたりして、日本人が一部のフランス人のひんしゅくを買ったのもこのころだ。日本の銀行は個人向け融資にも積極的で、海外に住宅を購入するという理由でいくらでも融資に応じてくれた。パリの郊外によい物件が見つかったとの連絡をうけて、妻のゆきこはこれを確かめに独りでアフリカからパリに飛んだ。そして、その周囲の環境の素晴らしさに一目惚れした彼女は、アパルトマンの状態など、ろくに吟味もしないで、買うことに決めたわよと意気揚々と戻って来た。その時は、なんと簡単に決めたものだと呆れた私も、十年余りその家に住んでみてこの地域の素晴らしい環境を手に入れたことでは、彼女の選択が正しかったと、そのアパルトマンを手放した今も大いに満足している。

蛇足ながら、このアパルトマンを購入後に一度だけ危機が訪れた。アフリカ勤務を終えて最終的に帰国した年の暮れにニュー・カレドニアに旅行した。フランス航空のマイレージ・ポイントが貯まっていて年内に使わなければ流れてしまうからだ。私たちは躊躇することなく最初の海外駐在地であり次男の出生地でもあるニュー・カレドニアへの三十五年ぶりのセンチメンタル・ジャーニーを選んだ。南太平洋は昔どおりに素晴らしく、南仏の海を諦めた私たちを魅了した。老後を過ごすには気候が穏やかで、しかもところ知ったる土地だ。何よりも素晴らしい海がある。サンゴ礁に囲まれた島の端から端まで昔の想い出をたぐって車でまわりながら、滞在した四十日のあいだ、私たちはパリをやめてここに変えようかと幾度も真剣に考えた。しかし、結局はパリの魅力をくつがえすことにはならなかった。「天国に一番近い島」を選ぶには、私たちにはまだちょっと早過ぎたし、やりたいこともたくさん残っていたからだ。

## 家を買う経済学

さて一番難しい問題にとりかかるとしよう。最初に発想の転換が必要だと述べた。とはいってもそんなに簡単に割り切れるものでないことは重々承知である。最大の不確定要素は言うまでもなく自分たちの寿命、あと何年生きるのかによって生活設計は変わってくる。

「アフリカのあの苛酷な環境の中で十数年も暮らしたのだから、かなり寿命も縮まったはずだ。残りの人生、太く短く楽しまなければ」

私が言うと、長寿を全うした私の両親を知る口の悪い連中が冷やかした。

「おぐらさん、九十前に死んだらワカ死にだよ」

神のみぞ知る。だから最初に述べたように、海外に暮らす期間を体力的に、そして経済的な条件をもとに決めるのが得策である。

私の周りには、結構どこかにセカンドハウスを持っていたり、東京近県のカントリークラブの会員だという人がいた。だが、いざ定年になると会員といえども馬鹿にならぬ費用がかかってコースに出る回数は限られ、せっかくの会員権もバブルのはじけた後では投機の旨味もなくなったとぼやいていた。一方で、閑静な別荘地にセカンドハウスを購入した知人は、現役時代には時間的な余裕がなくて利用出来ず、時間がたっぷり出来た定年後は、行けば手入れや掃除に忙しく寛ぐどころか疲れに行くようなものだと嘆いていた。私がここで言いたいことは、平均的な日本人には投機のためにゴルフの会員権を買ったり、セカンドハウスを持つ程度の余裕があるのではないかということだ。この程度の余裕の資金で「遊び心」を満足させる、そのために外国に何年間か暮らしてみようというのが私たちの考え方の基本だ。

そんな馬鹿な、と言われるかもしれないが、我が家のザル経済学は次の簡単な数式から成り立っている。

遊びの費用＝(海外不動産購入価格＋設備投資)－海外不動産売却価格

遊びの費用をこの程度で止めておけば、その後の本格的な老後に大きな支障はきたさないはずだし、ほとんど益を生みださないゴルフ会員権を持つよりは、生き甲斐を生みだす外国での生活に使おうというのが我が家のザル経済学だ。

私たちは実際にこの原則に沿って計画を進めた。購入のための費用は、当時のバブル経済下で容易だった銀行融資を主体に退職金や財形の一部を流用した。ある程度まとまった資金でも、帰国時の不動産の売却によっていずれはその大半が戻ってくるという確信があった。フランスの不動産価格は日本ほど大きく変動することはない。当時フランスの不動産購入価格はかなり下がっていたが、日本で考えるほどには値下がりしないようだった。売買は当然現地貨幣で行われるが、われわれの懐を直接出入りするのは常に「円」だから為替の差損、差益も大きな要素となる。あわよくば、前述の方程式は何年か後に逆に遊びの費用を捻出してくれるかもしれないと当てにならない期待もあった。そして実際に、二〇〇二年に始まったヨーロッパのユーロ統一は、旧フランス・フランからユーロへの切り替えに便乗してフランスのあらゆる物価を押し上げ、不動産も例外ではなかった。私たちが帰国にあたって手放した築四十年余のアパルトマンは、十余年にわたって私たちのフランスでの定年生活を支え見守ってくれただけでなく、最後には十数年前の購入価格を上回って思わぬボーナスをもたらしてくれたのである。

# 住宅を選ぶ

では住宅を選ぶにあたってどのような点に留意しなければならないか。すでに希望通りのマイ・ホームを建てた経験を持つ人たちには釈迦に説法だが、今回は生涯住みつくことを目的とした住宅の購入ではなく、いうなれば仮の住みかで、ある期間だけを快適に過ごすことが出来ればよいのだ。それだけにその限られた期間を最高に良い条件で過ごしたいものだ。その上、外国というこれまでと違った要素が加わるのでちょっと厄介だ。かといって何も尻込みをすることはない。

先ず、自分たちの希望する生活のスタイルに合わせることだ。私たちがパリ近郊にアパルトマンを購入した動機と経緯はすでに述べた。もちろんまわりには素敵な一戸建ての邸宅がたくさんあるが、永住するわけではなし、購入価格や住んでからの手間など考えると、アパルトマンに限定して考えるべきだ。私たち夫婦は海とか山とかの自然が大好きだ。だからといって、ピーター・メイヤーがいにプロバンスの田舎の一軒家に住むほど物好きでもない。その点、私たちが購入したアパルトマンは、歩いてすぐのところに周囲十キロほどのソー公園があった。十七世紀に国王ルイ十四世の財務総監コルベールの命を受けてヴェルサイユ宮殿とその庭園を設計した建築家のマンサールと造園家のル＝ノートルの当代随一の二人の芸術家がコルベールの所有するこの土地の開発に取り組んだ。現在も残る美しいフランス庭園はル＝ノートルが手掛け、オランジェリーはマンサールによって建てられた。正面に建つ現在の城館は、フランス革命で殆ど破壊された後、十九世紀半ばに再建された。イタリアン・ポプラに縁取られた運河を見下ろす「ホロホロ鳥のテラス」と呼ばれる高台に立てば、当時の宮廷文化の華やかさを彷彿とさせる。朝と言わず夕暮れ時と言わず、気が向いた時にいつでも散策を楽しむことが出来た。もちろん公共の公園だから、どこかの国のように入園料など払う必要はない。散歩の往きかえりに通る坂道の住宅街にはそれぞれに年代を感じさせる落ち着いた邸宅がならび、マロニエの街路樹が燭台を思わせる白い花を無数につける五月が終わると、やがて大きな葉陰にトゲで飾られた可愛らしい実が見え隠れする。秋にはすっかり熟した鈴なりの実がポンポンと音を立ててはじけ、トゲの中から大きな栗のような実が飛び出して驚かされる。少し足を延ばすとフォンテンブローの森やモネのジベルニーの庭園までゆっくりと日帰りのドライブを楽しむことが出来る範囲だ。同時に喧騒のパリ中心部までも車で二十分ほどの便利さである。四階建ての六十平方メートルの小さなアパルトマンの最上階だが、夫婦二人で住むには充分の広さだ。南に面したテラスからは終日陽が射しこんで暖房のはいる季節でも薄着で過ごせる快適さだし、一方夏は夏で、連日三十九度の猛暑が続いた二〇〇三年の夏を除いては、北の窓から吹きぬける風が、気まぐれなパリの暑さを家の中から追いだしてくれた。

私たちは欲深く自然と都会の両方を望み、位置的にその中間にあたるパリの郊外を選んだが、パリの生活に重点をおきたい人は都心に居を構えるのが得策だろう。パリ都心の物件は金額的にかなりの幅があるが、これには区域の環境の良し悪しが大きく影響している。かつて不足した労働力を補うために受け入れたアフリカやマグレブ諸国からの移民がその数を増し、またごく最近急激に増えた中国人が住み始めたためにこれを嫌ったフランス人がいつの間にか立ち退いて、地区によっては、ここが本当にフランスなのかと疑いたくなるような区域も多い。パリの中心部で物件を探すにあたっては、このように移民が多く治安が悪化し、危険度も高くなった地区さえ除けば、郊外に比べて物件も圧倒的に豊富だし、公共の交通機関の便利さなどを考慮して容易に希望する物件を入手することが出来るだろう。更に、最終的に売却するにあたっても、都心の物件は容易に処分出来る利点がある。

言うまでもなくパリのアパルトマンの価格は立地条件だけに左右されるものではない。品質そのものに格段の差がある。七区とか十六区などの高級住宅地にあるアパルトマンは、重いドアを開けて入ると、大理石のフロアと階段と高い天井がつくる広い空間がひんやりと威圧する。サロンにはゆったりとした応接セットが配置され、その正面の暖炉の上にはやや派手な装飾で縁取られた大きな鏡がはめ込まれている。隣り合わせながら光を遮った居間は、寝室と書斎を兼ねた空間で、昔風の大型のベッドの足元にこれも大型の書斎机が置かれて落ち着いた雰囲気を醸し出している。残念ながらこのような高級アパルトマンは私たちのお目当てではない。こんなところに住むことの出来る外国人は、名の知れた富豪か大企業が借り上げて住まわせている駐在員くらいだ。

都心でもいわゆる下町のアパルトマンは全くおもむきを異にしている。あるとき、ゆきこがニジェール時代から親しく付き合っているタイヨン夫人から連絡があり、パリに出てきたから一緒に食事をと誘われた。まずアペリティフ（食前酒）は長男ジェロームのアパルトマンでということになって、モンパルナスに近い彼の住まいを訪れた。まだ美術学校に通っている息子のために買ったという、いわゆるスチュディオと呼ばれる日本で言うワンルーム・マンションだ。中庭を横切って小さな鳥かごのようなエレベーターでがたがた音を立てながら行きついた六階の部屋は、ほとんど屋根裏といってもよい小さな部屋だ。休暇でアフリカから出てくる両親や弟たちも泊まれるようにと造った二段ベッドが部屋の大半を占めている。ジェロームは、炊事場をアトリエに改造して専門の装飾品の制作に余念がない。土地柄、きわめて庶民的で交通の便もよく学生には申し分ないが、定年後の外国人夫婦が住むにはとても推奨出来る住まいではない。

住宅購入にあたって私たちの経験からアドバイス出来ることの一つに「パーキング」がある。パリ都心部での路上駐車はもう限界で大きな問題となっている。私たちもパリ都心部での駐車を考えると車ででかけるのが憂鬱になるほどで、友人の家に招かれたときなど最初に確かめるのがパーキングの有無だった。都心にかぎらず郊外の住宅地でも路上駐車は年々大変になっている。他の条件はともかく「パーキング付き」のアパルトマンを探すべきだ。まして私たちと同様に、フランスと日本とのかけもちの生活を考える場合には、駐車場は絶対必要条件となる。さらに、一時帰国などである期間留守にすることを考えれば、「ボックス」と呼ばれる鍵のかかる車庫形式のものを選ぶのが望ましい。

## 購入すると決めてから

既に述べたように、私たちはまだアフリカにいたために物件の購入にあたっては全てをパリ在住の知人に任せざるを得なかったけれども、購入すると決めたら信用のおける大手の不動産会社に任せておけば安心だ。不動産会社は双方が同意した時点で公証人に物件を持ち込み、公証人事務所では三カ月をかけて、売り手と買い手の素性を調査する。例えば売り手の物件が貸家で入居者がいないか、抵当に入っていないか、また買い手に資金的な問題はないか、銀行からの融資条件を満たしているか等々、この売買が法的に成立することを確認してくれる。そして双方の条件がすべて揃ったところで、公証人と不動産会社立ち会いのもとに売買契約が成立する。金銭の受け渡しも公証人を仲介してこの場で行われる。ともすれば、言葉の不便さなどを理由に、日本人同士の安易な売買に陥りがちだが、多少時間がかかることを気にせずに、法的に確実で信用のおけるこの方法を選ぶべきだ。

本題からやや逸れるが、フランスには不動産売買にあたってヴィアジェ（vente en viager）という昔からの面白い終身年金形式の売買がある。特に遺産相続者のいない高齢に達した不動産の持ち主が希望する方法だ。生前しかもこれ以上歳をとる前にまとまった金を使いたいという場合に、いま住んでいる家なりアパルトマンなりを売却する。たとえば半額を即金で受け取り、残りは寿命が尽きるまでの年金形式で毎月定額を支払ってもらうのだ。持ち主が途中で死亡すれば残金の支払いは終了し、不動産はその時点で買い手のものとなる仕組みである。買い主は結果的に廉《やす》い買い物をしたことになり、逆に持ち主が予想以上に健康で長生きした場合には、買い手は最後まで家賃（年金）を払い続けなければならない。人生を賭ける如何にもフランス的なビジネスだ。十数年前にギネスブックで世界最長老とされたフランスのおばあさんが百二十何歳かで亡くなった。彼女は九十歳のときに、ある若い公証人とこのヴィアジェ契約を結んでいた。彼女の長寿を予測出来なかった公証人は、待ちくたびれたわけでもないだろうが先に召されてしまったという悲喜劇である。フランス滞在中に一度だけこの看板が掛かった売り家を見たことがある。

「アパルトマンを手放すときは、是非ヴィアジェで人生最後の賭けをしたいね」

「あの世がもっと近づいてからでなければ誰も相手にしてくれないわよ」

私たちのフランス生活の中で、期待した賭け相手は現れなかった。

## 居住に必要な諸手続き

フランスに居を定めるために必要な諸手続きについて多くを述べる必要はないだろう。要は滞在許可証（カルト・ド・セジュール）を取得することに尽きる。

フランスに限らず外国に住む日本人は一般に二つのカテゴリーに分けることが出来る。一つは国の機関や企業から派遣されて日本から給料を支給されているいわゆる駐在員、もう一つは最初からフランスに永住するつもりではなかったにせよ、実際には二十年、三十年と滞在が長期にわたりそれぞれの立場でフランス社会の中で生活している人たちだ。

これに対してこの二つのカテゴリーのどちらにも属さないのが、私たちのようにふらりとフランスにやって来て、長期でも短期でもなく、気の向くままにフランスと日本を往ったり来たりしようとするわけの分からない代物だ。フランスの行政は、分類に困ったのか私たちのような半端ものを学生と一緒にして、「ビジター」というカテゴリーに押し込んでくれた。

さて、滞在許可証の申請には、身分証明、資金証明、居住証明が必要である。身分証明のうちの婚姻証明書は戸籍謄本を仏訳する。資金証明としては銀行の残高証明を提出すればよいが、一応の基準として最低賃金に相当するレベルの収入を証明出来る金額が必要とされる。私たちの所轄官庁であるアントニー郡庁では、社会保険に加入する義務ありとその書類の提出を求められたが、どうやらこれは地域によって異なるようだ。紹介された保険料金を見ると月単位で保険料が示されており、掛け捨てにしては非常に高く、その上六十歳を超えるとさらに一割以上の増額となる。問題は病気や怪我の時に支払い能力があるかどうかの保障のためだから、何も新たにフランスの保険に加入する必要はない。私たちは旅行の都度、日本の海外旅行傷害保険をかけていたので、これで間に合わせることにした。ただし日本で保険証書が発行される時に、同時にフランス語に訳した証書の発行を依頼しておくと便利である。滞在許可の申請に限らずフランスであらゆる場合に求められるのが居住証明となる不動産税支払い証明書と電気料金支払い領収書であることも覚えておくべきである。

最後に、指定された病院で健康診断を受けなければならない。病院から呼び出しがあるからそれまで待つようにと言われて一カ月ほど待ったが何の音沙汰もない。更に何日か経ってパリ南地区移民事務所から手紙が来た。なんと内容は「貴殿が申請中の滞在許可証取得に必要な健康診断を早急に受けたい場合は、下記の金額を支払われたし」と千五百フラン（約二万七千円）の請求書が同封されていた。要するに健康診断料の前納だ。料金を支払うといとも簡単に翌日午後一時の予約がとれて、翌日決められた時間に出頭して初めて前納の理由が判った。

待合室では四、五人のアフリカ人がお喋りをしている。私たちの後から入って来た人たちも仲間のようでお互いに大声で挨拶を交わしている。そこに白人のカップルが入って来た。どうやら東欧の人たちのようだ。黒人たちの脇をすり抜けて私たちに軽く会釈をしながら隣の席についた。次はアラブ系の若夫婦、彼らも黒人たちに一瞥をくれた後、私たちの近くに座を占めた。時間までに集まった人たちの半数が黒人で、アラブ系の人たちを加えると三分の二がアフリカから出稼ぎに来たと思われる人たちである。健康診断料の前納は当然だと納得出来た。しかし胸部のレントゲン写真と医師の診察のほかは、視力と尿検査だけのきわめて簡単な健康診断だったが料金だけは一流病院並みである。

健康診断の結果はアントニーの役所に回され、それから三週間ほどして待望の滞在許可証が交付された。

しかし、このカルト・ド・セジュールの有効期間は一年間なので毎年更新しなければならない。これが非常に厄介だ。最初の申請と全く同じ書類を用意すればよいのだが、申請書の受付が先着順なので郡庁移民局の門前には早朝から長い行列が出来る。これが毎朝のことなので何とかならないのかと思うが、そこはフランス流お役所仕事。ようやく始業時間が来て担当の職員がドアを開けるが並んだ列を整理するでもない。外国人係の受付窓口の中では出勤したばかりの何人かがコーヒーを飲みながら雑談に余念がない。二時間も前から来て並んでいたのは君たちの勝手だろうと言わんばかりだ。三人の係員が午前中に百人足らずの書類を受け付けると、今日はここまで、明日また来なさいと素っ気なく列を切る。

私たちのように個人的に長く滞在を希望する半端者のビジターは、原則として十年間毎年この滞在許可の更新を繰り返さなければならない。東欧の人たちは別として、西アフリカや北のマグレブ諸国の人たちは、フランスの旧植民地の人たちである。移民局の職員の中には、多分に差別的な態度で接する者がいる。そして私たちもここでは国籍に関係なく滞在許可を申請する「移民」として彼らと「同等に」扱われるので、少なからず不愉快な思いをさせられる。確かに自分から好んで勝手に流れ込んだ「移民」に違いない。年に一度これくらいのことは我慢しなければならない。

移民はフランスで大きな問題となっている。パリの中心部で物件を探すにあたって移民が住みこみ始めた地区は避けるべきだと先に述べたが、これは何もパリだけの問題ではない。第二次大戦後の経済成長期に、安価な労働力として主にアフリカの旧植民地からの移民を奨励したために、私が留学した七十年代の初めには、南仏を走る普通列車などは移動するこれらの人々で溢れていた。そして今は、彼らの次の世代の若者たちが南仏各地に住みついて職もなくしばしば問題を起こしている。現在、フランス人の四人に一人が移民の出だと言われている。南仏を基盤に四十年近くフランス右翼政党・国民戦線（ＦＮ）を率いたジャン＝マリー・ル・ペン氏はかねてからイスラム教徒を中心とした移民の排斥を掲げ裕福層の支持を得ていたが、最近欧州議会議員でもある三女マリーヌ・ル・ペン氏が党首として政教分離と手厚い福祉を掲げて批判政党から政権政党への脱皮を目指している。

ある夏、南仏でのバカンス中に訪れたヴァロリーズの丘の上のデュランドゥ宅から海水浴に行こうと誘われて、海岸に向かう坂道を下っていた。運転をしていたアンドレがバックミラーをのぞきながら叫んだ。

「後ろからアラブ人の若者が二人バイクでつけて来ている。ノブオは足元のハンマーを持って、ユキコは後ろの窓のところにあるスプレーを取ってくれ。彼らが窓ガラスを割ってきたら、それで応戦するんだ。ミッシェルは直ぐポリスに電話を」
ミッシェル夫人は携帯電話でポリスと連絡を取ったが、幸いにポリスが来る前に彼らは姿をくらました。日常茶飯のことだという。

滞在許可証の取得に比べればやや副次的なものだが、フランスに来てすぐ必要となるのが自動車の入手と運転免許証の取得であろう。ここで一つ気を付けなければならないことは、フランスにおいて一般に国際免許証では自動車保険に加入することが出来ないために、自動車を購入した場合は直ぐにフランスの免許証を取らなければならないことだ。フランスの規則では、フランスの運転免許を取得した時点で日本の免許証は取り上げられ、勿論日本で発行された国際免許も無効になる。最終的に帰国した場合は、そこでまた日本の免許証が再発行されることは知っていたが、ではフランスと日本を往ったり来たりするわれわれはどうなるのか。日本にいる期間まさかフランスで発行された国際免許で運転するわけにもいかないだろう。ちなみに日本の法規は次のように定めている。

①　日本の免許証が有効期間内にある場合、紛失と同じ扱いになり、再交付手続きで直ぐ

復活する

② 日本の免許証が有効期限を過ぎていても三年以内であれば、帰国後一カ月以内に手続きをすれば無試験（視力検査のみ）で復活する

③ 日本の免許証が失効して六カ月を過ぎているときは、フランスの免許証取得後九十日以上フランスに滞在していれば、フランスの免許証から無試験で日本の免許証に切り替えることが出来る。なお、フランスと異なり日本では両国の免許を持つことが出来る

また、手続きというほどのことではないが、念のためにしておいたほうがよいと思われることに無収入の申告がある。毎年時期が来ると必ず不動産賃貸や給与などの所得申告用紙が送られてくる。その都度窓口まで出向いて収入が無いことを説明しても、翌年また同じ所から送られてくるといった調子で、もういい加減にしてくれと言いたくなった。そこで、友人に相談したところ、「フランスは書類の国だよ、書類で出さなければ」と教えられた。教えられたとおりに中央と居住地の非居住者税務センター宛にそれぞれ、「私たちは日本の年金を享受しておりフランスにおいては当該年度いかなる給与・不動産所得ともない。またフランス滞在中は自分が所有するアパルトマンに住んでいる」と書類で申告したところ効果はてき面で、翌年から

はピタリと来なくなった。

　こうして私たちはフランス滞在に必要な手続きを何とか終えることが出来たが、逆に留守にした日本では、転出届を出して非居住者としなかったばかりに、全期間を通じて日仏重複して地方税を納入する破目となり、また日本での国民健康保険税も支払い続けるという手抜かりもあった。しかし、当初の計画よりも期間が大幅に延びて十年以上にもなり、それももう一年、もう一年とずるずると延ばした結果なので、止むを得ないと納得している。

　ついでながら日本の年金をフランスで受け取ることは勿論可能である。転出届を出した非居住者であれば、社会保険業務センターから直接フランスの指定した銀行口座に送金可能となる。ただし数年前からフランスに支店を持つ邦銀が個人の新規口座開設を受け付けなくなったという事情もあるので地元フランスの銀行を利用せねばならない。年金については、フランスの場合は両国間に税務協定が締結されているために問題はないが、国によっては協定がないことを理由に厚生年金に所得税が課せられることもあるので、フランスへの送金申請にあたっても念のために十分確認することが望ましい。

# 第二部

# フランスでの生活

## フランスでの生活が始まった

アパルトマンを購入後数年を経て、私は定年を迎え、私たち夫婦はアフリカを後にした。

一九七六年に初めて西アフリカのニジェール共和国に足を踏み入れてから三度にわたって合計十三年余りをこの国で過ごした。この間、独立から十年余り経っても絶え間なく襲う旱魃《かんばつ》や飢餓と、産業らしい産業も無く貧困に喘ぐニジェール、やがてウラン資源の開発に活気づくニジェール、ウランの収入を得て見違えるように衣替えしたニジェール、そしてウラン市況の悪化から再び経済不振に陥って苦しむニジェールと、経済的に多くの経験を重ねる国に私たちも身を置いてきた。政治的にも、軍事政権ながら清廉な思想をもって国民を統一指導したクンチェ政権から、一九八〇年代後半に始まり急速な民主化を目指した新しいアフリカ民主政治の曙光とその躓き、そして最後に再び軍事クーデタに打開策をゆだねるニジェールまで様々な局面を体験した。私は帰国後、滞在中に入手した多くの情報と資料をもとに、専門外ではあるが長年滞在した者の義務として、日本では殆ど知られていないこの国の全般について一年をかけて執筆し、あとは出版社に任せてフランスに向かった。

そして、私たちのフランスでの生活が始まった。最初の一年間は先に述べたような色々な手続きに始まり、アパルトマンの手直し工事など、もっぱらフランスに定着するための準備期間として費やした。私たちは時間の合間を縫ってむさぼるように国内外の小旅行や旧知との再会を楽しみ、美術館やオペラを鑑賞しゴルフに興じた。

フランスの生活がようやく軌道に乗るかと思われた頃、国際協力事業団（現国際協力機構）から半年ほど短期専門家として西アフリカのニジェール共和国に行ってくれないかという話が来た。同国国産の石炭資源を利用してブリケットを製造し、現行の薪を主体とした家庭用燃料をこれに代え、併せて森林伐採で進む砂漠化の防止にも役立てようというニジェール・日本両政府間の共同プロジェクトの立案が目的だという。鉱物資源の開発に十数年間協力した愛着のある国でもある。専門からはやや離れるが私は二つ返事でこれを引き受けた。

半年間のニジェール出張からフランスに戻った私には、小さな仕事が舞い込むようになった。日本政府が力を入れ始めたアフリカの開発途上国の鉱物資源開発援助プロジェクトを実施する日本の政府機関や民間コンサルタント会社からの協力依頼だった。私は、日本から派遣される調査団にパリで合流し、相手国政府との交渉や現場視察に同行した。訪れた北・西アフリカの国々はいずれもフランス語圏だったために、私にとっては国こそ異なれ長年住み馴れたニジェールと同じ風土と人情の中で、かつての仕事の経験を生かす絶好の機会であり、さらに現役を離れてしばらく時を経ていただけに、こうして若い人たちと再び一緒に仕事をすることが非常に新鮮に感じられた。

その後小泉政権が打ち出した構造改革によって、この開発援助の方針は変更されてプロジェクトは減少したが、それまでの数年間に西アフリカのセネガルやマリに、また北はチュニジアやモロッコ、モーリタニア等のマグレブ諸国に合わせて三十数回、期間的には前述のニジェールへの出張を加えると延べ一年以上にわたってフランスを留守にすることになった。時には現役時代を上回る忙しさにも追われたが、半面フランスでのやや緩みがちの生活に刺激を与える良い機会でもあった。

一方、妻のゆきこは私がニジェールに出掛けて留守の半年間も独りでフランスに残り、すでに始めていたアリアンス・フランセーズでのフランス語の授業に加えて、かねてから望んでいた油絵の勉強のために、後述するパリのグランド・ショミエールと国立美術学校（ボーザール）の二つのアトリエに通い始めた。これもフランスでの生活を計画した時点では、ただ漠然と考えていた想いに過ぎなかった。そして彼女は、フランス滞在中の大半を油彩の習得に当て、絵具にまみれた毎日を送ったと言っても過言ではない。更にその趣味が高じてフランスで開催される国際的な美術展《サロン》に出品するまでになった。

定年後をのんびりとフランスで過ごそうと企てた私たち二人は、こうして当初考えもしなかった仕事や趣味の活動に追われはしたが、それでも時間を作ってはフランスの魅力を求めて各地を旅行したばかりではなく、ヨーロッパの近隣諸国まで足を延ばした。そうこうしているうちに、何時の間にか計画した期間を大きく上回って十数年が経っていた。しかし二人ともフランスの生活を十二分に満喫したことで満足している。全てが順調に進んだわけではなく、しばしば面倒な事にもぶつかって当惑し憤慨したこともあったが、それらも包み込んで私たちはフランスの生活を楽しんだ。私たちは幸いにして完全とは言えないまでも健康に恵まれた。そして、多くの素晴らしいフランスの友人にも恵まれた。私たちには分に過ぎた恵まれた素晴らしい定年生活の第一幕であった。

## フランスの魅力

今でも世界中から年間八千万人を超える観光客がフランスを目指して押しかけて来る。日本からも数十万人が訪れるフランスの魅力について今更述べる必要はないだろう。そして訪れるすべての人々に強烈な印象を植えつけるのがパリだ。明治の末にフランスを訪れて『ふらんす物語』を残した青年永井荷風が受けた感動は、今もなお誰もが抱く思いではなかろうか。過去に私たちも旅行者として幾度かフランスを訪れたが、その都度その素晴らしさに驚嘆した。ただ一つ新しいことといえば、定年後をしばらくここで過ごそうと、今度は居住者としてやって来たことである。

ある時、週末の休息日は当然パリでと、欧州数カ国を視察中の経団連調査団がパリに到着した。かつて私が勤務した住友金属鉱山株式会社の篠崎会長が団長で、丁度この日が七十歳の誕生日にあたるからと私たち夫婦も夕食会に招かれた。連日の強行スケジュールにもかかわらず、団員の多くは早朝からパリの町に消えたそうで、その中の一人はその一日限りの貴重な休息日を利用して七つの美術館を回り、お目当ての絵画を全部観ることが出来たと興奮気味に話していた。

私はすっかり忘れていた四十年前の同じような経験を思い出した。初めてのパリ訪問はアフリカのザイール共和国（現在のコンゴ民主共和国）出張の帰途だった。こともあろうに、私の乗った飛行機がパリを目前にしてエンジントラブルでニース空港に不時着し、そこで半日も停められてしまったのだ。一日しかない滞在予定の半分を無駄にしてようやく辿り着いたパリを足が棒になるほど歩き回った。まさかその数年後にフランスに留学することになろうなどとは夢にも考えていなかったから、ブローニュの森までも足を延ばして落ちていた大きな松かさを拾って記念に持ち帰ったのも今では懐かしい想い出だ。

ゆきこが通い始めたアトリエで親しくなった画家の池田さんを誘って三人で、クロード・モネがその晩年を過ごしたジベルニーの庭園を訪れたときのことだった。

「モネはこんなに素晴らしい花に囲まれて、さぞかし三百年も長生きして絵を描き続けたかったのでしょうね」

咲き誇る睡蓮の花を眺めながら何気なく言われた池田さんの言葉は、私に強い感動を与えた。

「三百年？　私たちにはその十分の一も残されていないのだから頑張らなくちゃね」

冗談に紛らわせて笑ったものの、隔年三カ月だけ家事を娘さんに託して絵の勉強に来ているという彼女にとっては、絵を描くことへの情熱とフランスへの思い入れが濃縮したその三カ月が、「三百年」という言葉になったのかもしれなかった。

それに比べて私たちは、なんと恵まれていたのだろう。芸術の分野だけをとっても、古今東西の巨匠による絵画・彫刻をいつでも容易に鑑賞することが出来る環境だ。しかも一つの美術館をゆっくり時間をかけて観ることも出来れば、好きな作品を幾度も来て繰り返し鑑賞することも可能なのだ。オペラやバレエも、その年に予定された出し物の中から自分たちの都合に合わせた上演日を選んで予約することが出来る。芸術的なセンスに優れているとはどうしても思えない私でさえも、数多くの一流の作品を鑑賞し、世界的なレベルのオペラやバレエに触れるたびに、その雰囲気におのずと情緒が高まるのを感じる。しかもオペラにしてもコンサートにしても手頃の料金だ。フランスの文化遺産として各地に残る多くの城やモニュメントに身近な歴史を感じることが出来るのも、時間に余裕があるからのことだ。フランスの生活ならではの贅沢である。

フランスに居を構えてからはどんどんと日が過ぎていく感じだ。こんなに早い時間の経過を意識したのはこれまでの人生で初めてだ。リタイアしたら世の中の騒々しさも遠のき、時計の針もゆっくりと動き、物静かな環境の中で好き勝手な生活が楽しめると想像していただけにこれは随分意外だった。

たしかに宮仕えの会社生活から解き放たれて身の回りは静かになった。もっとも私の場合はアフリカに長く勤務していたので、いわゆる日本のサラリーマン社会の厳しさを味わう機会が比較的少なかった代わりに、日本では到底考えられないような問題が、職場の同僚とのあいだでも家庭の使用人たちとのあいだにも生じた。私たちとは価値観も物の考え方もまったく異なる異文化のアフリカ社会だから、彼らには日常茶飯事であっても私たちには大問題であることが多い。アフリカでは明日何が起こっても不思議ではないとよく言われるが、アフリカでの生活が長くなって自分では慣れたつもりでいたが、無意識のうちに常時緊張を強いられていたのだと思う。

もっともアフリカでは時計の針がゆっくり回るのではないか、いや時には時間が止まっているのではないか、それとも逆まわりを始めたのではないかと疑ったことさえあったが、そんな習慣が身についたせいか、私たち夫婦は好んでのんびりと時を過ごすようになった。出かけた先で景色が良く気に入った場所など見つけようものなら、いつまでも佇んで動かなかった。西アフリカをゆったりと流れる大河ニジェール川に沈む夕日の美しさに魅せられた私たちは、川に突き出した断崖に建つホテルのテラスから毎日のように灼熱の一日の終わりを見届けたものだ。アペリティフを傾けながら周りの人たちとの他愛ない会話を楽しんだ。一日の緊張から解放される安らぎの時間でもあった。

幸いなことに、フランスにはそんな場所がどこにでも転がっていた。天気が良い週末の朝早く、歩道まで張り出したカフェの席でコーヒーを待ちながら周りを眺めていると、この国らしい一日が始まる。隣り合わせのパン屋の店先から見習いと思しき若者が焼きたてのバゲット（フランスパン）を何本も突っ込んだ大きな袋を担いで小走りに出て来る。この界隈のカフェに配達して回るのだ。続いて朝食のパンを買いに使いに出された男の子が、釣り銭を数えながら現れたかと思うと、小脇に抱えた今買ったばかりのバゲットの先をちぎって旨そうに齧り始めた。すぐ隣の席には、くわえタバコで新聞を読み耽る人、その足元にはときどき恨めしそうに上目づかいに主人を見上げながら大きな犬が寝そべっている。毎週土曜日に開かれる露店の朝市で出会ったのだろう、買い物かごを下げた中年の女性が二人、立ち話に夢中の様子だったが、やがてカフェに席を取って話の続きが始まった。何処からともなく現れた清掃車が速度を緩めると、後ろのステップから二人の黒人の男が石畳の歩道に身軽に飛び降りて、レストランなどの前に出してある大きなゴミ箱をがらがらと音を立てながら転がして来ては清掃車の中に空けている。道路に散らばったゴミは側溝を勢いよく流れる水に大きな箒で手際よく流し込むと再び清掃車に飛び乗って去った。かつては数人の郵便配達夫がカフェにちょっと立ち寄って、朝からグラスに注がれた白ワインをぐいっと一杯ひっかけて勢いよくそれぞれの担当地区に走り出て行くのを見かけたものだが、最近はこんな風景は見られない。それでも日本では見ることのない、平凡だがフランスならではの日常の生活に触れる時、「ああ、ここはフランスだった、われわれはフランスに住んでいるのだ」という実感に心が安らいだ。ここでも時間がゆっくりと流れていく。私たちのもっとも好みの場所の一つだった。

バカンスともなれば、フランス人は天地がひっくり返るような騒ぎようで民族大移動を始めるが、行きついた先でやっていることはといえば、海岸で裸になって一日中体を焼いたり、森の中で森林浴を楽しんでいるのだ。海岸では、高級ホテルがリザーブしているプライベート・ビーチを避けて、無料で使えるパブリック・エーリアにパラソルとマットやゴザ、中には折り畳み式の椅子まで持ち込んで朝から繰り出し、本当に一日中転がっているだけだ。美しい地中海を目の前にして水に入るのは子供たちだけ。大人たちは熱くなった体を時折濡らす程度だ。ここでも完全に時間が止まっている。私たちも年に一度、海を見なければ落ち着かなくなって南仏に出かけた。ちょっぴり豪勢にホテルのビーチにデッキ・チェアーとパラソルを予約して一日中海岸で過ごす。ホテルの海岸は外国からの旅行客が多く、イタリア語やロシア語が飛び交う。チェアーに転がって、イアホンから流れる音楽を聴いたり本を読んで過ごす。ビーチボーイが太陽の移動に合わせてパラソルを動かしてくれる。その真上を近くのニース空港から発着する飛行機が爆音をとどろかせて低空で行き来する。

ある夏のこと、この時期いつも南仏のヴァロリーズの別荘で過ごす友人のデュランドゥ夫妻をニースの海岸に招待した。ふりそそぐ太陽の下、果てしなく広がる地中海独特の海の青さを目の前に、砕ける波の音を耳にしながらのプライベート・ビーチのレストランでの昼食、それも一流ホテルの一流のシェフがもてなす食卓とあって、「地元のわれわれが思いもつかなかった素晴らしいアイデアだ」と文字通り裸の付き合いに満足して、海岸で一日過ごしていったものだ。

こうして、時間はゆっくりと流れていくが、気が付くとまた一年が終わろうとしていた。当時の私たちはまだ実際には定年後を日本で生活していなかった。だから日本と比較してフランスが良いと言っているわけではない。そして、いずれこの生活にも終止符を打たなければならない時が来ることも承知していた。

「その時は寂しいだろうなあ」

「アパルトマンを手放してしまうと、フランスが遠くなるでしょうね」

私たち夫婦のあいだで、実は早くからこんな会話が交わされていた。

## 何事も自分で解決を

これまで留学期間をはじめ休暇や旅行でたびたびフランスを訪れ、私なりにフランスを知っているつもりだった。ところがいざ実際に住んでみるとそうはいかない。分からないことばかりだ。最初のうちは手っ取り早く、パリに長年生活している日本人に教えを請うたが、いざ、私たちが本当に知りたい肝心の問題となると、どうもあやふやな答えしか返ってこない。例えば運転免許証の問題も、住民税の納付基準についても同じだった。みんなそれぞれ自分のおかれた立場に必要なノウハウこそ持ってはいるものの、私たちのような「ビジター」居住の経験がないのがその理由のようだった。このことに気づいてから、私は他人に頼らず極力自分で直接問題解決にあたることにした。この用を足すには何処に行けばよいのかだけを尋ねて、後は教わった役所なり会社なりに直接出向いて用を片付けることにした。案ずるより生むは易く、税務署や保険会社、不動産会社、電話局など、多少つたないフランス語でも結構間に合うものだ。直接自分で出向くと相手とも顔見知りになり次のときには事が簡単に運ぶし、それにいろいろと生活の知識が豊富になってきた。何よりも自分で確かめ納得したという安心感は最大の収穫だった。

こうした外部との小さな交渉事は、ある意味ではリタイア後のフランスでの生活に僅かでも刺激を与えてくれることにもなった。遊びを目的としてフランスに来たとは言っても、やはり適当に刺激がなければ飽きてしまうだろう。役所などでの厄介なやり取りも、フランス語の勉強だ、「頭の体操」になるのだと思えば、思うようにいかぬもどかしさも、理解してもらえぬ苛立たしさも気にならなくなり、むしろ神経を快く刺激してやる気を起こさせてくれさえする。そして事が上手く運んだ時のささやかな満足感もある。最初から他人に頼らずに兎も角まず何事も自分であたってみることだ。

フランスに来て間もなく、たまたま友人から紹介された在仏三十年以上になる日本人が私に面白い事を言ったのを今でも覚えている。

「フランスは面白いところですよ。何か面倒が起こっても簡単に諦めないこと。一カ所にあたって駄目なら別のところにあたってみるのです。そこも駄目なときはもう一つ違うところをと、こうして五つも扉を叩けば必ず戸が開きます。その先でまた幾つか叩けばどこかで道が開けます。こうして諦めずに続けていけば必ず目的地に到着するから不思議ですよ、フランスというところは」

私はここで堅苦しくフランスを論じるつもりなど毛頭ないが、フランスにこれだけの外国人が住みついているわけだから、やはり外国人にとって非常に住みやすい国であることには間違いないだろう。私たちは当初、軽い気持ちでフランスで過ごそうとしていたが、滞在許可証を取得したときに「あなた達はフランス居住者になったのだから」と言われて少なからず戸惑ったものだった。フランスは仮の住まいと割り切っていたのだが、雑多な人種が多数住みついているフランス、特にパリでは、フランスの人たちは必ずしも私たちをそういう目では見ていないようだった。

パリで発行されていた日本語の週刊新聞『ニュース・ダイジェスト』に人物紹介欄があり、その中に《フランスで気に入っていること》という項目があった。登場する人たちは日本企業の駐在員だったり芸術家の卵だったりするが、その大半が滞在期間の長短を問わず申し合わせたように「日本のせせこましさから解放され、のどかな生活を楽しむことが出来る」とフランスの魅力を強調していた。フランスにかぎらず外国の生活はどこでも同じことが言えるのだろうが、殊にフランスは人の心を解き放つ不思議な何かを持っているのかもしれない。

## トラブルも楽しみながら

フランスでの実際の生活は、決して良いことばかりではない。不愉快なことも失敗も多々あった。しかし私たち夫婦はそのすべてを含めて丸ごとフランス生活をエンジョイしたと思っている。

フランス滞在も半年を過ぎて暮れも押し迫り、今年はシャンゼリゼ通りのクリスマス・イルミネーションでも見物してから帰国しようと考えていたある日、郵便箱の中に切手も貼らず差出人の氏名もない私宛の一通の封書を発見した。封を切るとやや殴り書きの一枚の手紙が出てきた。

ムッシュ・オグラ、アパルトマンの共有規則に配慮し、深夜にはトイレと浴室の水音を立てないで頂きたい（朝がたの三、四時頃に聞こえる）。私たちにとって、この騒音は非常にこたえるものです。よろしくご理解の程を。

ムッシュ＆マダムＢ

ゆきこと私はこの手紙を前にして、ははぁ、これがよく話に聞くアパルトマンの住人同士のトラブルかと顔を見合わせた。上の階で走り回る子供たちが立てる物音に、下の階の住人が静かにさせろと怒鳴りこんできたり、その都度長い棒雑巾で下からがんがんと天井を突くのだと話には聞いていた。

Ｂ氏のアパルトマンとは隣り合っているとはいえ建物の出入り口も階段も別だからもちろん

面識はない。ただ南に突き出した両家のベランダは続いていて不透明の仕切り板で遮られただけだから、お互いに首を伸ばして声をかければ話が出来るといった構造である。

「へぇ、そんなに音がするのかねぇ」「どんな人が住んでるんでしょうね」

私たちは背中合わせの住人を初めて意識した。そして翌朝、ゆきこが大発見でもしたように言った。

「今朝七時ちょっと前に、水を出す音とシャワーヘッドを掛けたり外したりするような音が聞こえたわ。早く目が覚めてベッドの中で本を読んでいたら。これまで気にもとめていなかったけど、あんな手紙が来たから気がついたの」

「昨日は何か物音がしたかな」

「いや、何も。昼間は共稼ぎのご夫婦かもしれないわね」

苦情がきた以上、こちらも応戦しなければならない。見えない敵(?)を相手に作戦を練った。


ムッシュ&マダムB、貴殿の手紙に私たちは大変驚きました。こんな手紙を受けとったのは勿論初めてだし、このような問題を隣人同士が手紙でやり取りするのは、不本意だからです。いつでもお話に応じるのでおいでください。なお、事前に電話をいただければ幸いです。

オグラ

この手紙はあえて英文にした。フランス語で書いて、もし小さな誤りでもあれば侮られると考えたからだ。英語ならお互いに外国語、少しくらいの間違いは許されるだろう。そして名刺を付けて電話番号を赤線で囲み隣の棟の入り口に並んでいるB氏の郵便受けに投げ込んでおいた。

二日ほど経った夕刻、B氏から電話が来た。

「ムッシュ・オグラですか。隣のアパルトマンのBだが」

ちょっと間をおいて、

「私は英語が苦手なのでフランス語で構いませんか。これから伺いたいのだが」

「いま食事中なのでもう一時間ほどしていらして下さい」

ていねいに応対しながらも、ちょっと意地悪に相手をじらすことにした。食事は終わったばかりだった。それに私たちの最初に出したジャブが効いているようで、B氏は英語で話し合えないコンプレックスのようなものをすでに感じているようだった。

しばらくして姿を見せたB氏は私たちの予想に反して四十代半ばの普通のサラリーマン風の人だった。こんなことを言ってくる人だから、かなりの変わり者か強面《こわもて》のおっかない人ではないかと、実は内心恐れていたからだ。おざなりの挨拶の後、ゆきこが切りだした。

「私たちは長年仕事の上でフランスの方たちとお付き合いしてきて、個人的にも親しいお友達がたくさんいます。それにフランスは素晴らしい国なので、リタイアしたらしばらくこちらで過ごそうと楽しみにしていたのですよ」

「メルシー・ボクー」

出し抜けにフランスをほめられたB氏は思わず、ありがとうと口に出してしまったようだ。

「でも、フランスの方からこんな苦情を言われるなんて考えてもみませんでした」

「本当に驚きましたよ。これまでのお付き合いとすっかり様子がちがうので」

私もゆきこのあとに続けて言った。B氏はもっと驚いた様子で、私たちが繰りだす矢継ぎ早のジャブにみるみる顔は真っ赤に染まってきた。立ち直る隙を与えず、

「ところでご用件をうかがいましょう」

「いやね、手紙に書いたように、お宅で夜中に流す水の音で眠れないのですよ。フランスの法

律では、夜十時から朝六時までは他人の迷惑になる騒音は禁じられています」

「いつ頃の話ですか、うるさい音をたてたのは」

「いつもですよ、この八月頃から」

「おかしいなあ、私たちはよく旅行に出て留守がちなのに。ちょっと待って下さい、調べてみましょう」

私は手帳を持ってきて彼の目の前でページを繰って見せた。日本語だから分かろうはずがないのを承知で。

「七月から八月にかけては南仏に行ってますね。九月も十日ほどブルターニュからノルマンディーを旅行しています。フランス映画『男と女』で有名になったドービルの海岸までドライブしましたが、期待外れの殺風景なところですね。十月も何日か留守にしています。先ほどいつもうるさいと言われたが、私のところではなくてよそのお宅の音ではないのですか」

「いや、そんなはずはない。特にひどくなったのは二週間前からかな」

迷惑し通しだと言った手前、格好がつかなくなったB氏は、いささかしどろもどろになってきた。

「二週間前、ああ分かりました、その頃はおなかをこわしていたんだ。それでなくとも私たちの年齢になると、あなた方若い人と違ってトイレが近くなるんでね。ところで、フランス人は夜トイレに行かないのですか」

「もちろん行きますよ、でも夜中には流さない」

突然、わきにいたゆきこが突拍子もない声をあげた。

「汚い！　一晩中溜めておくの？　家族の多い家でも？　ああ嫌だ」

B氏は先刻より赤くなって、それでも態勢を立て直そうとして続けた。

「トイレの音だけでなく洗面所の音も聞こえてね」

「だって、トイレの後は手を洗うでしょ。フランス人はそれもしないの？」

ゆきこの作ったしかめっ面に彼は弁解の言葉を探して立ち往生している。

「考えてごらんなさい。お宅に聞こえるってことは、同じ壁を通して私たちにもそちらの音が聞こえるということですよ。これまで気にもかけなかったが、言われてから気をつけていたら、お宅でシャワーを浴びる音が聞こえるんですよ。お互いさまでしょう」

「いや、同じではない。うちでは六時四十五分からシャワーを使っている。規則では六時まで禁じているのだから、われわれは法律に違反していません。お宅のは明らかに違反です」

今度はやっつけたぞと言わんばかりにやり返してきた。

「時間の問題より、他人に迷惑かけるなということでしょう。私たちは定年後をフランスでのんびり過ごそうとしているのです。朝だってゆっくり寝ていたいわけですよ。ほら、フランスでいうグラス・マチネというやつですよ。七時前からシャワーの音で起こされたのでは迷惑だとも言えるのですよ」

覚えたての洒落たフランス語の表現も交えて主張する。

「これまで私たちがお付き合いしたフランスの方たちとは、週末など夜遅くまで招いたり招かれたりで楽しく騒いでいたので、皆さんそんな生活をされていると思っていました」

「それに、われわれの若い頃は、一日びっしり仕事をして帰れば、夜は疲れてぐっすり眠れたものですがね、どんな仕事をしているのですか」

B氏は、自分たちは近所迷惑にならないように、家の中では話し声にまで気をつけている、友達は家に招かずレストランに連れて行く、物音で一度目がさめるとしばらく寝つかれないとか、それでは外の車の走る音まで気になるのではないかと聞けば、道路に面した部屋ではなく中庭に向いた部屋を二重窓にして寝ているとか、そのうちに、私たちに文句をつけに来たことも忘れて、何だかんだとぼやいてばかりいる。

こんな馬鹿げた話を続ける気もなくなって、それにちょっぴり気の毒にもなって反撃の手を緩めることにした。相手はグロッキーになってすでにダウン寸前ロープにもたれかかっている状態だ。

「あなたの言いたいことはよくわかりました。これからはあなた方がよく眠れるように出来るだけ協力しましょう。でも私たちはお宅の物音などまったく気にならないので、どうぞ好きな時間にシャワーを浴びて、友達も自宅に招いて騒いで下さい。お互いに隣同士だから気持ちよく過ごしましょうよ」

二、三日経ってゆきこが笑って報告した。

「お隣さん、どうやらシャワーの時間を遅らせたようよ、私たちに気を遣ったのかしら。それにしても、私たち来週は帰国するのに。隣が留守になったのも知らずに、シャワーを遅く使って会社に遅刻したりして。お気の毒に」

またこんなトラブルにも見舞われた。

アパルトマンに入居後、水道とガスの点検工事を頼むついでに浴室のタイルを張り替えて壁も塗り替えたいとゆきこが言い出した。同じ会社で引き受けることになり工事全体の見積りが終わった翌日、早速ペンキ職人がやって来た。ドアの外には二メートル近い黒人の大男がぬうっと立っていた。とっさにいやな予感が私たちの頭をよぎったとしても無理はない。私たちは、十年余り過ごしたアフリカで、アフリカ人の仕事振りに悩まされ続けてきたからだ。果たして最初から問題が生じた。彼は浴室を覗くなり、先に会社がおこなった見積りでは足りない、工事費を追加してくれと大声でわめきはじめた。どうやら、臨時で雇われてきた下請人のようだ。それは会社と話し合うようにとなだめると、電話を貸してくれと言って今度は電話口で大声でまくしたてている。私たちはこの大声で久しぶりにアフリカに引き戻された。ようやく話がついて彼は仕事を始めるや、アフリカ人がもっとも得意とする仕事、「ぶっ壊す」ことから始まったのだ。タイルを剥がすなんていう生易しいものではない。隣の家までぶち抜くのではないかと思う勢いで、大槌を振るって古いタイルを壊していく。ゆきこが見るに見かねて、外されたタイルを浴槽の中にじかに落とさないように気をつけてねと注意すると、アフリカ人独特の大声で言い返している。

「奥さん、わたしゃ二十年来この仕事をやってるだ。そのくらいのことは、よく知ってるよ。今まで浴槽を壊したことなど一度もないだよ」

一つ言えば五つくらいの返事が返ってきた。しかしゆきこも負けてはいない。アフリカで毎日のように使用人とやりあって鍛えられた彼女は、適当にあしらいながら仕事をさせている。

一時間も壊す仕事が続いて次は壁の下塗りにかかったようだが、その頃から物音がしなくなった。今度は大人しく働いているなと思ってちょっと覗いてみると仕事をやめて座り込んでいる。下塗りのペンキに混ぜる液の一つを忘れてきたと言う。こっちもちょっとからかってみたくなった。

「あんた、仕事に必要なものを忘れてくるようでは、一流の職人とは思えないね」

「ムッシー（ムッシュとは発音出来ないようだ）、これは俺のせいではない、会社が持たせてくれなかったんだ。会社のせいで俺は仕事を続けることが出来んのだ」

「あんたは専門家だろう、自分で使うものぐらいは自分でチェックして来なければ」

自尊心を傷つけられたセネガル人は、自分は車を持たないので会社の車で来たのだとか、必要なものを会社が積んでくれなかったのだとか、必死になって自分のミスではないと弁解を始めた。そして、たった一日来ただけで翌日もその翌日も顔を見せない。三日目の朝、彼は顔を出すなり我が家に置いていった自分の荷物だけを持ってさっさと引き揚げて行った。私たちの予感は不幸にもぴたりと当たってしまった。

さあ、それからが大変だ。会社に事情をただすと、かのセネガル人は要求が多くごね始めたので、臨時雇いを断ったことが分かった。時は八月、フランスではバカンスの真っ最中で一番人手の足りない時期だ。電話をするたびに言い逃れをしていた会社も、こちらがうるさく催促するので、翌週の月曜から必ず仕事を再開し三日間で完成するからと電話してきた。幾度かすっぽかされて頭にきていた私は、もしそれが出来なければ契約違反のペナルティを払ってもらえるかと食い下がった。応対していた電話口の女性は慌てて上司に代わり、その部長さんは興奮した口調で、臨時に雇ったアフリカ人が駄目だったのだと責任をペンキ屋に被せる始末だ。私も意地になって、契約はあなたの会社と結んだのであのアフリカ人とは関係ない、とっくに契約期間は過ぎている、仕事は途中で放っぽりだされた、どうしてくれるのだとやり返す。ますます興奮した部長さんは、あなたのおかげで明日から予定していたバカンスが取れなくなったと、ついぼやいてしまった。何ぃ、私のためにバカンスが取れない。冗談じゃない。そして最後には、妻が怒っている、子供ががっかりしていると泣き落としにかかってきた。たしかに彼らにしてみれば夏のバカンスを楽しみに毎日働いているようなものだから、バカンスが取れなくなることは一大事だ。この時期に仕事を頼んだ私たちにも非があったことに気付いて気の毒にもなり、兎に角シャワーだけは使えるようにしてからバカンスに出掛けてほしいと頼み込んで手を打つことにした。

フランス滞在中、幸いに事故は起こさなかったが車での失敗も数え切れないほどあった。二〇〇一年の夏、我が家の恒例となっていた南仏でのバカンスに出掛けようとしていると、カンヌの近く、ムージャンに住む友人のアンドレ・ルチュリエ夫妻から電話があって、あなた達ももう歳なんだから車はパリから列車で送り二人は飛行機で来るようにと親切に言ってきた。私より三歳年上のアンドレは、自分たちもパリに行く時、千キロの道のりは疲れるのでそうしているんだと付け加えた。折角のアドバイスだったが私は意地でも車で行くことにした。一つには、途中のオランジュ市にある古代ローマの円形劇場を使って催されるオペラ『アイーダ』のチケットを既に予約していたからだ。

パリを少し早めに出て私たちは高速道路六号線から七号線に続く六百五十キロ先のオランジュ市に向けて一路南下した。アンドレの言う通り、七十歳になろうとしていた私には一日の走行距離としてはこれが限界だった。幸い夏の日は長く、私たちは明るいうちに無事オランジュに到着し予約しておいたホテルも容易に見付けることが出来た。オペラが催されるためだろう、小さな町は結構な人と車で賑わっていた。幸いにホテルに近い大きな広場の駐車場が空いていたのでそこに車を停めて、大きな荷物は人目につかぬようにトランクの中に押し込み、取りあえず必要な手荷物だけを持ってホテルに入った。プロバンス地方の華やいだ明るさが私たちを迎えてくれた。ホテルの庭の大樹の木陰にはこれからオペラを観に行く客のために早めの夕食が用意されており、気の早い客は既にテーブルについていた。私たちも部屋で旅装を解いて外に出てみると、先刻まで晴れ渡っていた空は一転して雲に覆われ、やがて大粒の雨が降り始めた。あちこちで人が騒ぎ出したがホテルのギャルソンたちは慌てる様子もなく慣れた手つきでそれぞれのテーブルに立ったパラソルを開いて、客の注文を取っている。夕立が上がるのを待って劇場に向かったたが、結局その日のオペラ公演は翌日に順延となった。私たちは予定外に生じた一日を町の周りにある古代ローマの遺跡などを見物して回った。

そして翌日の円形劇場を舞台に繰り広げられたオペラは、私たちを二千年昔の古代ローマの世界へと誘ってくれた。まだパリのルーブル美術館の中庭にガラス張りの奇妙なピラミッドなどが建つ前の七十年代初めに、宮殿を背景に中庭で催されたバレエ『白鳥の湖』に驚嘆して以来、私たちは機会ある毎にオペラ座に足を運んだが、これまで鑑賞したどのオペラやバレエよりも印象に残る素晴らしいものだった。

翌朝、私たちはホテルで精算を済ませて車を置いた広場に向かった。どうも様子がおかしい。

広場では朝市が開かれ大勢の人たちが集まっている。二日前に車を停めた場所には、代わって大きな魚屋の冷凍車が置いてある。近くの人に聞いてみると毎週日曜の朝はこの広場に市が開かれるという。私たちはよそ者だから市場が立つ日を知らずに駐車してしまったのだ。それは良いとしても一体我が家の車は何処に持ち去られたのだろう。周りの店先で尋ねて回っても「デゾレ（お気の毒さま）！」と肩をすくめての返事だけが返ってくる。何とか地区担当の警察署の場所を聞き出して、手荷物を転がしながら教えられた警察署に行った。

「ついていなかったね。市場が立つことは広場に掲示されているのだが、他処から来た人には判りにくかったかな」

「あなた方の車はガレージに運んであるから心配要らないよ。そこで保管料を払って引き取ったらまたここに戻って来なさい、駐車違反の罰金を払いにね」

日曜日で暇なお巡りさんは、何となく楽しんでいるようだ。それでも親切に、ガレージの場所はちょっと遠くて判り難いからタクシーで行くようにと、タクシー会社に電話をしてくれて、運転手がガレージの場所を知っていることを確認してから呼んでくれた。ガレージでの保管料は二泊分の割増料金となり、これに警察で払った罰金と、雨のために一泊追加した宿代を加えると、何とも高いオペラ鑑賞だった。

外国に住めば多かれ少なかれこの程度の悲喜劇は生活の中に紛れ込んでくるだろう。深刻に受けとらずに新しい経験だと考えて笑って済ませる寛容さも必要となる。私たちはアフリカでいやというほど同じような経験をしたが、ここは先進国フランス、まさかと思ったがこの点ではアフリカとあまり大差なかった。

駐車するとき自動車の中には決して物を置かないようにと注意された。駐車のたびにカー・ラジオを外して持ち歩く人もいるとも聞いた。アフリカでの日仏共同プロジェクトで一緒に仕事をしたミッシェル・ベルヴィエ氏が原子力アタッシェとして在日フランス大使館に転勤してきた時のことだ。久しぶりに一緒にゴルフをすることになった。着任したばかりの彼も、アフリカから一時帰国中だったわれわれも車を持っていなかったので電車で行くことになり、ゴルフバッグは二日前に宅急便で送りなさいと連絡しておいたにもかかわらず彼は重たいバッグを担いで現れた。宅配便の育たない土壌のフランスから来た彼は、どうも安心して宅配便を利用する気にはならないようだった。私たちもフランスに住んで不愉快な目に遭うこともままあったが、ミッシェルのように自分が信頼出来ないと思えば事前にトラブルを避ける知恵も必要なのである。まさしく郷に入れば郷に従え、日本の基準が何処でも通じると甘えることが間違っている。

# 六十四歳からの挑戦　―ゆきこの絵画生活―

パリのアカデミー・ド・ラ・グランド・ショミエールは、一九〇〇年代の初めに設立されたアカデミーで、これまでに多くの芸術家を輩出している。設立当初から外国人を受け入れ、イタリアのアメデオ・モディリアーニやスイスのアルベルト・ジャコメッティなどもここで学んでいる。フランスに留学した日本人画家の多くがこのアトリエに通ったようだ。

ゆきこはフランスに移り住んで二年目の春からここに通い始めた。雨の日などは暇な私が郊外電車RER－B線の急行が停まる二つ先のブー・ラ・レーヌ駅まで車で送ることもしばしばだった。アトリエ通いを始めて数カ月経った頃、ゆきこは台湾国立師範大学教授の陳景容氏から個人教授を受ける好機に恵まれた。当時パリにアトリエを持ち、休暇を利用して頻繁に来仏する同氏は、われわれと同じ世代で若い頃に東京芸大に留学し、日本語にも堪能だった。日本の美術学校で絵画を習得する機会のなかった彼女には、基本から教わる絶好の機会だった。その年の秋のル・サロン展で陳氏の大作が銀賞を受賞した。鑑賞に訪れた私たちと一緒に会場を回りながら一つ一つの作品を専門的に解説し、最後にゆきこを勇気づけるように言われた。

「このような大きな展覧会では、複数の審査員のそれぞれの好みがあるから絶対的なものとは言えないね。良い作品もあれば首を傾げたくなるようなものもあったでしょう。出展された作品と比較すると、今の貴女の力は入選すれすれのレベルだから頑張りなさい」

しかしその頃のゆきこは絵画だけにのめり込むわけにはいかなかった。来仏してから直ぐにアリアンス・フランセーズのフランス語の授業にも通い始めていたからだ。自分の孫たちに近い年齢の若者たちに交ざっての学生生活。今日はソルボンヌ大学のガクショクで昼を済ませたわよと楽しそうなことを言っていたが、その実、予習・復習・宿題に追い立てられた毎日であった。

二〇〇〇年の秋だった。陳氏の勧めもあって彼女は初めてアンデパンダン展に出品した。クロード・モネのジベルニーの庭を見物した帰りに立ち寄った、ヴェルノンの街角にある十八世紀後半の建物を描いた油絵を出品した。オープニングの夕べ、世界中から出展された作品を一堂に集めたオートゥイユの会場は溢れる人たちの熱気に包まれていた。ゆきこは自分の作品がそこに展示されていることに大いに満足していた。鑑賞に来てくれた幾人かの友人たちと夕食を共にし晩《おそ》くまで話が尽きなかった。この年は西暦二〇〇〇年の区切りの良い年ということで、アンデパンダン協会が一八八四年の創立以来の出品者名を網羅した厚さ五センチ余りの朱色の立派な装丁カタログを発行した。これにはアンリ・ルソー、ヴァン・ゴッホ、藤田嗣治など著名な画家が名を連ねており、その中に自分の名前を見つけたゆきこはまさに有頂天だった。

彼女の絵画への取り組みは趣味の域を超え始めていた。翌二〇〇一年十月にはパリ市が管理する国立美術学校、ボーザールに入学することが出来た。ここはボーザールとはいっても国立高等美術学校とは異なって年齢制限はなく、将来高等美術学校を目指す若者から、勤め帰りのサラリーマンや定年後の年配者、プロの芸術家を夢見る外国からの留学生など千五百人にも及ぶ人たちが通っていた。ただパリ市内の居住者に限られていたので、郊外から通うゆきこは、後になって「よく入学出来たね、面接試験の結果が余程よかったのだろう」と先生たちに驚かれたそうだ。ボーザールにはデッサン、クロッキー、油絵、具象画、抽象画、細密画、彫刻、版画、美術史など数多くの教室があり、ゆきこはここではただ一人の日本人だったが、素晴らしい教師たちに恵まれて楽しい学生生活を送っていた。

午前中はグランド・ショミエール、午後からボーザールで、それぞれ三時間ずつ絵筆をとる日々が続いた。パリの冬は日が短い。朝八時は真っ暗だ。私は裏の屋外パーキングで冷え切った車にヒーターを入れ、真っ白に張り付いたフロントガラスの氷を落とす。「これで掻くと簡単に取れるよ」と同じアパルトマンの若者がカセットテープ入れのセルロイドのカバーでガリガリと手伝ってくれる。まだ明けやらぬ街をライトを点けて急行が停まるブー・ラ・レーヌ駅までゆきこを見送る。この時間、街に灯るのはパン屋さんの店先の明かりだけだが、駅はそろそろ通勤客でざわつき始めている。

秋にはボーザールで年に一度のアトリエ公開日がある。この日は私も見学に行く。美術学校とはいえなんと汚いアトリエだ。うっかり壁に寄り掛かろうものならべっとりと絵具が付いてしまう。どの教室も三方の壁にはところ狭しと作品が飾られている。部屋の真ん中に置かれたステージの上にモデルが横たわりその周りで何人かが筆をとっている。公開日に限って着衣を強いられたモデルは心なしか窮屈そうだ。隣の部屋にはいずれも絵具にまみれた三脚が二十脚ほど立っている。三脚の向かう先にはがらくた物としか見えない焼き物の壺が傾いた椅子の上に載っている。「静物」のオブジェらしい。よくぞ、こんなところで何時間も仕事が出来るものだ、とても耐えられる環境ではないと家に戻ってからゆきこに話すと、絵を描くための素晴らしい宝物の中にいるのよと返事が返ってきた。ご立派、ご立派。

このアトリエの指導者ディティエ・ピケッティ氏は「マダム・オグラはクラスに溶け込んでいつもみんなと楽しくやっているから全く問題ありませんよ」とにこにこしながらアトリエで

の様子を教えてくれる。そりゃそうだろう、授業のある日はいそいそと家を出ていくから楽しくて仕方ないのだ。絵を描くことだけではなくクラスの中に何人もの親しい友人も出来て、ピケッティ氏とのコミュニケーションの足りないところを補ってくれたり、「ユキコ、ユキコ」と結構もてているようだ。色々と趣向を凝らしたクラスの飲み会《アンポ》には、お寿司や日本式のスパゲッティを作っていってみんなから喜ばれているかと思うと、学校全体のお祭り《フェット》では夜中までみんなとディスコで踊りまくって寒い夜空に汗びっしょりで、行きつけのカフェ・レストラン「ル・セレクト」に辿り着く。本当によくぞあそこまでみんなに溶け込めるもんだと羨ましくなるほどだ。

ゆきこは、美術学校での午後の授業だけでは物足りず、週に二日は夜の部まで続けることになった。まさに絵具にまみれた毎日だ。ボーザールの夜の部は、七時から十時まで。週二回モンパルナスまで迎えに行くのが私の日課となった。水曜日は夜九時からサッカーのテレビ中継があって、いい試合の時は渋々途中でスイッチを切って駐車場に降りていく。

夜の街は空いているので三十分ほどでモンパルナスに着く。「ル・セレクト」のテラスで待つ。まもなく大きなカンバスを肩にゆきこがやってくる。冬の夜は長い。モンパルナス大通りはまだ宵の口で人通りも多く賑やかだ。外を行き来するいろいろな人種を眺めながらガラス張りのテラスで食事をする楽しいひとときだ。小さなテーブルに好物の皿が運ばれてくる。彼女はマグレ・ド・キャナール、私はアンドリエットだ。キャンドルの下でワイングラスを合わせてフランスらしい夕食を楽しむ。もっぱらアトリエで起こった一寸した出来事が話題に上る。

モンパルナス大通りを隔てて正面にある有名なレストラン、ラ・クーポールから食事を済ませた三組の正装した年配のカップルが出てきて立ち話をしている。上流階級の夜もそろそろお開きのようだ。やがて何処からともなく配車係が回してきた車が着くと、たっぷりチップでも貰ったのだろう、若者たちはキーを渡して最後の客が立ち去るまで見送っている。

同じ通りのやや外れたところでは、ひと群れの路上生活者たちがたむろして宴もたけなわだ。歩道にはめ込まれた格子状の通気孔から漏れる地下鉄の暖気に顔を赤らめた男たちは時折大声で叫んでいるが、道行く人たちは気にする気配もない。しばらくすると数人の男女が近寄って来て何やら彼らに話しかけている。ボランティアの支援者たちだ。とくに冬場は宿泊所や食事を提供する慈善団体が多い。路上生活者たちが立ち去った後の通りは人通りも減って時折肩を抱き合った若者たちが行き来し、映画館から掃き出された最後の客がコートの襟を立て直して小走りに去っていく。いまどき使われることもなくなった公衆電話のボックスだけが、クリスマスのイルミネーションの中に黒い影を落としている。
さあ、とっくに十二時を回ったからわれわれも帰ろうと、眠気覚ましの濃いコーヒーをもう一杯注文して駐車場に向かう。ポルト・ドルレアンを通り抜けたところから、この時間でもまだ車の込み合う国道二十号線を避けて横道に入る。いつの間に降り出したのか人気のない深夜の並木道をうっすらと覆った雪がヘッドライトを導いてくれる。横の助手席ではアトリエでの疲れが出たのだろう、ゆきこが心地よさそうに眠っている。

もう一つのアトリエ、アカデミー・ド・ラ・グランド・ショミエールはだいぶ様子が違うようだ。殆ど自主的に運営されていて週に一日だけルネ＝アレキサンドル・アルトズール氏が指導に見える。同氏はアカデミーのあるモンパルナスに長年居を構え、フランスでは抽象画家として既に名をなした大家だ。蓄えた見事な頬ひげの奥に湛えた穏やかな表情。アトリエに学ぶ誰に対しても分け隔てなく、各人の長所を伸ばそうと指導されるそうだ。後日フランスを去るにあたって、ゆきこはアルトズール氏への謝恩のために、アトリエのクラスメート全員も招いて盛大に「さよならパーティー」を催した。シャンパンを抜き、ワインが回るにつれて、アルトズール氏はご機嫌の時にしか出さないという十八番のオペラの一節を声高らかに歌い別れを惜しんでくれた。

話を展覧会に戻そう。翌二〇〇一年のアンデパンダン展には、本人が最も気に入っている自信作『ソー公園、霧に煙る朝』を出品した。我が家の近くのソー公園を描いた作品だ。そして初日のオープニング・セレモニーから帰宅して、留守番電話に残されていた伝言を聞いたゆきこは舞いあがった。

「サロン・ド・アンデパンダン事務局ですが、出展された貴女の作品の値段を知らせて下さい。購入希望者からの問い合わせです」

更に彼女を有頂天にさせたのは、この年のカタログだった。前年同様見事な装丁版には、半ページの「ソー公園」の写真とともに評論家の講評が載っていた。

オグラ・ユキコ：日本が印象派の画家たちに影響を与えているという熱い思いは知られるところである。戦前ヤマガタに生をうけたオグラ・ユキコの作品には、今もなおこの情感が息づいている。この遠い土地の文学作品のように、ソー公園の霧に煙る朝を待ちうけるこの若々しい感覚の画家が目指すものは、自然への思いやりであり、芸術的に表現された風景である。中間色の心地よさと、均衡のとれたもろさ、生きとし生けるものを捉えようとする、そして、油彩の手法のみで繊細な時の動きを表現しようという挑戦がここにある。

この講評は、一九九九年十二月にフランスを襲った大暴風によって素晴らしいイタリアン・ポプラ並木を壊滅的に失ったソー公園と、戦前の古き良き日本への愛おしい思いを重ねたものと想像される。

一九〇〇年のパリ万国博覧会のためにシャンゼリゼ通りに面して建設された大展覧会場グラン・パレでは万博終了直後から特にフォービズムを生んだサロン・ドートンヌやアンデパンダン展等数多くの展覧会が催された。ところが一九九三年にその象徴ともいえる鉄筋構造のガラス張りの丸屋根の一部が崩壊してから長らくその修復のために閉鎖されていた。そして、二〇〇五年にようやくその修復を終えて十二年振りに再度展覧会場として再開された。翌二〇〇六年には、アンデパンダン、ル・サロン、コンパレゾン、デッサン&水彩および国立美術協会の五大美術展《サロン》が共同で創立した総合サロン（アート・アン・キャピタル展）が、このグラン・パレで開催された。ゆきこはアンデパンダンの会員として、思いがけず百年の歴史を持つこの大展覧会場に出品する機会を与えられて最高の喜びを味わうことになった。翌二〇〇七年も引き続いてグラン・パレに出展したが、この年は更にこれに加えて、ルーブル美術館内のカルーゼル・ギャラリーで開催された国立美術協会展に出品を許された。十年余りのフランス滞在の最後を飾るかのように、彼女の作品は会場の最も良い場所に展示されていた。

これらの国際的な美術展への出品の他に、忘れられないのが二〇〇五年六月の個展だ。場所は在仏日本人会のご厚意によって提供されたシャンゼリゼ通りのど真ん中にある広いギャラリーが会場となった。直ぐ隣が一流レストラン「フーケ」のせいもあって、百人近い日仏の知人が次々と来てくれた。事前に日本人会の新聞に出した招待文**「私の夢」**※を読んだと、アフリカ以来音信が途絶えていたマダム・マルタン・ミチヨとの二十年振りの再会は大感激だった。ピケッティ氏が引きつれたボーザールのアトリエ・ピケッティの仲間が大勢来てくれて賑やかだった。開会前には、「今日は出席出来ないから」とパリ在住の横田夫人から贈られた直径七十センチもある豪華なシャクヤクの花束が文字通り会場に花を添えた。われわれ二人だけではとても手に負えず、準備を依頼したアルバイトの若い芸術家二人が来客の接待にも奮闘してくれた。日本人会の口利きで寿司屋さんも大サービス、我が家の近くの行きつけの店で揃えた品々も大好評だった。「何処のベルニサージュ（オープニング）でも準備した食べ物はあっと言う間になくなるのに、さすがおぐらさんの知り合いは上流の人ばかりでがつがつしていなかったね」と妙なことで感心されたりもしたが、中には初めから終わりまで絵など見ないで寿司を摘んでいた珍客もいた。

**※私の夢：**私に絵筆をとらせる動機となったのはサハラ砂漠との出会いでした。十年間過ごした砂漠の国ニジェールでの事です。政府が調査隊を編成してビルマ・オアシスの資源調査に入るとの情報に、女性には絶対無理だという鉱山大臣を説き伏せて同行の許可を得ました。これまで半砂漠や砂丘地帯は幾度も経験しましたが、アフリカ人でさえ殆ど入ることの出来ない本砂漠に入れるのです。首都から千キロ離れたトアレグ族の都アガデスに到着。軍隊で入域許可をとり、遭難に備えた捜索機の依頼、滞在期間中の充分な水・食料・ガソリン・車の部品・予備タイヤ等の調達。この先は何一つ入手不可能です。調査隊全員、トアレグ貴族のガイドに命を預けました。サヘル（半砂漠地帯）を通り抜けるとそ

の先にサハラ砂漠の東南部を占めるテネレ本砂漠が広がっています。目的のオアシスまで八〇〇キロ。なんと幻想的な世界でしょう！　この荘厳なまでの美しさは！　三六〇度光と影の、音一つしない無の世界！　刻々と変わる光線の乱舞！　淡いブルー、ピンク、象牙色と、壮麗な光のカーテンが遠い砂丘の陰に揺れています。限りなく続く風紋、吸い込まれてしまいそうな幻の世界です。日中の過酷な暑さから一転し、夜間氷点下まで冷え込む野営テントで、宝石をちりばめたような満天の星を眺め、さらさらと流れる砂の音を耳にしながら、しばし星の王子様の世界に遊びました。

俗界を超越したこの幻想的な世界を、何らかの形で表現出来ないものかと、砂漠を走る数週間、この特異な象形をしっかりと脳裏に刻むことに心掛けました。

定年後フランスで生活し絵の勉強を始めました。あの強烈な印象は、時の流れとともに私の中で風化し始めています。私の絵心を引き出してくれたテネレ砂漠に再び行くことがあるでしょうか。砂漠に三脚を立てる夢を楽しみながら、私はフランスでアトリエ通いを続けています。

皆様のおいでをお待ちしております。

## フランスで墓捜し

一方で、私自身はアフリカの仕事がほぼ一段落した頃に、京都にある住友史料館から現役時代の大半を勤務した住友金属鉱山株式会社を通じて、同館が全訳出版を企画中のルイ・ラロック著『別子《べっし》鉱山目論見書《もくろみしょ》』の翻訳校正への協力依頼を受けた。別子鉱山は元禄三年の発見から昭和四十八年まで二百八十三年にわたって採掘された世界でも稀有の大銅鉱山である。『目論見書』は、明治初期に住友が右大臣に次ぐ破格の高給（月給六百ドル）をもって招聘し、所謂お雇い外国人として二年間鉱山の調査研究に従事したフランス人鉱山技師ルイ・ラロックが、任務を終えて日本を離れるにあたり、別子鉱山の将来について書き残した五百ページに及ぶ報告書である。アフリカのニジェール共和国に十数年過ごし、うち十年間は、請われるままに政府機関の技術顧問として同国の資源開発に携わるという、ラロックと同じような経験をした私は、彼が百三十年昔の別子（愛媛県）に住んで、母国と比較しようのない隔たりを感じたに違いないと非常な共感を覚えた。更に、「目論見書に基づき日本人だけで進められた鉱山の近代化工事の様子を知らぬまま、パリ在住のラロックは、明治十六（一八八三）年四十七歳の若さで没し、彼の子孫・墓所とも未だにようとして知れない」と記された解説に、私は折角フランスにいる機会にせめてその墓地・子孫だけでも捜してみようと思い立ったのである。単なる好奇心からではない。

フランスに帰国して七年後に死亡したラロックの記録は極めて限られ、彼の訃報がどのように日本に伝えられたかも不明だった。在日フランス大使館のホームページには、歴史的に日本と関係をもった十数人のフランス人とともにラロックの名も記載されていたが、埋葬地の欄は空白だった。三十数年振りにラロックの出身校パリ国立高等鉱山学校を訪問した。フランス留学当時は何人か知り合いの先生もおられよく出入りしたが、今は知る人もいない。同窓会名簿から死亡した一八八三年の住所がパリのヴォージラール四番地と判明し、職業欄には日本の銅鉱山の採鉱技師と記されていた。

私は連日パリ古文書史料館に通って、死亡の年と最終住所だけを手がかりに十九世紀の土地登記簿、死亡証明書、婚姻証明書など莫大な量の史料と格闘する日々を過ごした。百年以上を経たカビ臭いぼろぼろの古文書からマイクロフィルム化された証書類に至るまで、全てが『目論見書』同様の読み難い手書きである。パリに二十カ所ある墓地を管理するパリ墓地センターからは、私が出した調査依頼の書簡にも直接の訪問にも回答がなく、業を煮やして総元締めのベルトラン・ドラノエ・パリ市長に直接調査促進をお願いする一幕もあった。日本の近代化に大きく貢献したフランス人技師の足跡を捜すと言えば、フランスの知識階級には理解されるだろうという目算は当たり、市長官房からの丁重な返事に続いて、指示を受けた緑地局から調査結果が届いた。しかしラロックがパリで死亡した証拠は見つからなかった。ラロックの出生地グラス市にも照会した。出生証明書は届いたが、当該地での結婚、死亡の形跡は無く、戸籍には兄弟姉妹の記載もなかった。そして最後に一縷の望みをかけ、パリ古文書史料館の特別の計らいで閲覧を許可された『遺産相続申告書』にルイ・ラロックの名を発見した時の感激。これまで散々悩まされた判読し難い手書きの文字がまるで花文字のように美しく、私の心を躍らせた。ラロックはフランス南西部のピレネー山脈の麓、アリエージュ県リュー＝ド＝ペルポーという小さな村で、これまで存在が不明だった妻と一人息子ルイ＝ヴィクトール、未だ存命だった母親に看取られて没したことが判明した。二人に残された財産の中に鉱物標本があった。別子鉱山の銅鉱石もあったに違いない。

私の調査はアリエージュ県に移った。県古文書史料館には彼の痕跡は全くなかったが、リュー村に死亡証明書が残っていた。これを手がかりに近県オート＝ピレネーのタルブ市で彼の両親の死亡証明書が発見された。しかしこれらの地方にラロックの墓もラロック家之墓も見つからなかった。父親の出身地ボーンにも墓所はなかった。永代使用墓地も家が絶えて三年の期間を経ると市町村で取り上げることが出来るというから、ラロック家之墓もそんな運命をたどったのかもしれなかった。とんだことに首を突っ込んだものだ、私のような外国人にはこれ以上は到底無理な相談だと墓捜しを諦めかけていた二〇〇五年の秋、奇しくも日本のお彼岸にあたる万聖節《トゥサン》のその日に、ラロックの終焉の地リュー村の村長ペドゥーサ氏から「ラロックが埋葬されていたと思われる跡地」の写真が、三代石工を営む古老の詳しい話とともにメールで送られてきた。私は早速リュー村に飛んだ。村長さんと村の古老ソレールさんからラロックが死亡した家と埋葬されたと推察される墓地の一角を案内してもらった。私はラロックの墓碑こそ発見することが出来なかったが、死亡証明書と死亡した家と埋葬地まで確かめることが出来たので、これで私の探索を終えようと用意した白菊の花束を手向けてラロックの冥福を祈った。

パリに戻った私はせめて彼がパリで最後に住んだ家を見ておこうとヴォージラール大通りの四番地を探した。現在は五十九階二百メートル余のモンパルナス・タワーが聳え立つモンパルナス駅の広場に面した五階建てのアパルトマンが四番地だった。二階から上は今も住人がいてゼラニュウムの花が窓を飾り、程よく装飾された東向きの壁の五階の部分には、半身の裸婦像が一対彫られていて当時のままに残っていた。昔風の煙突が残っているこぢんまりとした建物だった。絶えず旅に出たラロックが駅の近くに居を構えたのも頷ける気がした。ラロック終焉の地リュー村に向かう列車は今もモンパルナス駅から出る。

この探索にあたって、事情が判らぬままパリや地方の自治体などに当てずっぽうに出した四十通余りの問い合わせの手紙は、県古文書史料館や市の史料課などに回されて、中にはかなり時間がかかったものもあったが、結果の如何を問わず担当責任者から必ず返事が届いた。私は改めてフランス人の歴史・文化に対する認識の深さと彼らの懐の深さを知らされた。同国人としてラロックの業績を誇らしく思い、せめて墓所や子孫を捜したいという私への共感もあったと思うが、一介の日本人の依頼にかくも多くの人たちから温かい協力が得られるとは予想外だった。その最たるはルイ・ラロックの終焉の地リュー＝ド＝ペルポー村のペドゥーサ村長夫妻だった。私が墓捜しをやめた時点から後を引き継いで子孫の探索に乗り出された。その結果、当時のラロック家の周辺の人々に関する多くの情報が得られ、特にラロック死亡時に未成年だった一人息子ルイ＝ヴィクトールが成人して兵役に服しアルジェリア駐屯から帰国（一八九五年）したことまで判明した。が、その後消息を絶ち現存の子孫まで追跡することは出来なかった。

私は偶然の機会からラロックの墓所と子孫の探索を始めたのだが、思いがけずこれまで何ら日本とは関係もなく私自身とも全く面識のない、非常に多くのフランス人の方々の協力と温かい励ましを受けた。しかし、その都度出した礼状だけではとても私の気が済まなかった。私は更に半年ほどかけてこの墓所探索記を仏文にまとめ、インターネットで探した出版社から出版し、感謝の意をこめて関係者に拙著を謹呈した。

一世紀前に偉大な国際協力の足跡を残した一人の同僚の遺徳を偲び、住友の元地質技師が探索に乗り出した……彼の根気強い探索はこの謎の人物をすっかり身近なものにして……。

と出版社による過分の論評が裏表紙に書かれていた。そして、ラロックの出身校であるパリ国立高等鉱山学校をはじめ贈呈先の関係諸機関から、貴重な史料として保管・活用するとの丁重な礼状が届いた。中には友人の元パリ警視庁のリシャー・マルタン警部のように「読んでみるとタイトルよりも格段面白かった。もし君が職業としていたら恐るべき探偵になっていただろう。この職業には欠かせない素質である執拗さを備えているからだ」と楽しくなる読後感も寄せられた。私が三年ほどかけたこの探索の顛末記を日仏修好百五十周年にあたる二〇〇八年にフランス語で出版出来たことは、私たちの十年余りのフランス定年生活の良い想い出ともなった。

帰国した私たちにペドゥーサ夫人から折に触れ探索を続けていると便りがあり、定年で村長の職を退いたペドゥーサ氏は、最近地元の機関誌にラロック捜しの顛末記を連載し始めたと、その写しを送ってきた。

## 古き良きフランスを求めて

まだアフリカを行き来していた頃、成田からパリまでの機内に私と同年輩と思われる、それもほとんどが夫婦同伴の一グループが乗り合わせていた。たまたまそのグループの添乗員らしい若い女性の座席が私の直ぐ前だったので、そのグループの人たちが入れ替わり立ち替わりに私の横の通路に立って彼女と話を交わしていくのに気が付いた。聞くとはなしに聞こえてくる会話から、といっても彼女が聞き役の一方的な会話だったが、どうやらそのグループは私も会員だったフランス国費留学生の同窓会メンバーらしい。年恰好からおそらく三十年も前に留学したのだろう。そしてその後はフランスを訪れる機会がなく、久しぶりのそれも定年後の夫婦同伴でのフランス訪問のようだった。留学先の土地のこと、フランス語に苦労した話、失敗談、ワインやチーズにうんちくを傾けるなどなど、いずれも若い頃のひとときを過ごしたフランスに熱い思いを寄せ、これから数時間後に再び訪れるフランスに、高ぶる気持ちを抑えることが出来ないかのように、その女性を相手に話していた。それは極めて純粋なフランスへの想いに溢れていて、同じ留学経験を持った私だったが、折角の夢を壊すことがあってはと、その会話の中に入ることを差し控えたほどだった。しばらく後になって、一時帰国した東京の自宅に届いていた会誌から、やはりその会でフランスの旅が企画され、多くの参加者があったことを知った。あの旅によってまた一つフランスの新しい想い出を重ね、あの旅によってまたいっそうフランスを好きになった人が増えたことだろうと、私まで心温まる思いをしたものだ。フランスは不思議な魅力を持つ国である。

私たちの学生時代は、今と違って他に娯楽が少なかったこともあってよく映画を観に行った。『天井桟敷の人々』『外人部隊』『美女と野獣』『オルフェ』『カサブランカ』などなど、特にフランス映画の全盛期で、感動を与えてくれた作品が次々と輸入された時代だった。大学の入試を終えたその足でジェラール・フィリップ主演の『肉体の悪魔』を観に行ったのも昨日の出来事のように覚えている。当時の私はフランス映画からフランスを想像し、フランスのイメージを勝手に作り上げていた。映画だけではなくシャンソンも同様だ。物悲しい哀調をたたえた洋風演歌にしびれたのは私だけではないはずだ。社会に出てからは最初の勤務地が北海道の鉱山現場とあってフランス映画は遠い存在になってしまい、出張の帰途に立ち寄る街のレコード屋でベコーやクラボーを買い漁り、そこにフランスの香りを求めたものだった。少なくとも私のフランスは、現実を知らないままこうして始まった。

運命のいたずらというのか、私にとって映画とシャンソンの世界でしかなかったフランスが身近なものになったのは、社会人になって七年目の仏領ニュー・カレドニア勤務だった。これがきっかけとなってさらに十年ほど経ってからフランスへの留学の話が持ちあがり一年間フランスで学ぶ機会に恵まれた。現役時代の後半をアフリカに勤務するようになってからは、毎年一カ月半の健康管理休暇の大半をフランスで過ごし、私とゆきこは坂道を転がるようにフランスの深みに引きずり込まれていった。しかしこうした休暇のときは勿論のこと、留学中も私にとってフランスは所詮観光地の一つに過ぎなかった。

あれから長い年月を経て、こうしてフランスに居を構えることになってからも、私たちの生活に観光的な要素が占める割合は相変わらず大きかった。退屈しのぎに何気なくつけたテレビが、あるとき懐かしいマルセル・カルネ監督の映画『北ホテル』を放映していた。かつてはこの映画を通してフランスの庶民の生活を垣間みたと感激したものだったが、いま画面に映しだされている人々の、およそ時代ばなれしたテンポで営まれている生活は、私の年齢からくる感受性の衰えもさることながら、世の中の急速な進歩とはおよそかけ離れた非現実的な世界で、私の期待を大きく裏切るものだった。それなら、実在する「北ホテル」に行ってみよう。翌日、私はゆきこと連れ立ってサン・マルタン運河に沿って「北ホテル」を探した。晩秋の冷気に鮮やかな黄色に染まったマロニエの街路樹の陰に「北ホテル」はひっそりと建っていた。私の中で勝手に想像し無意識のうちに求めていたフランスが昔ながらに生きていた。私はこれ以上ない感動をおぼえてしばらく佇んでいると、小さな観光船がサン・マルタン運河を上ってきた。車の通行が遮断され、これまで道路とばかり思っていた橋が下流に向かって開く。狭い水路に船を追い込むと橋は再びもとの位置に戻って水路をふさぎ、それと同時に船のへさきの水門が開いてぐんぐんと水かさを増していく。「北ホテル」は、マロニエの木陰に身を寄せて毎日この決まったセレモニーを眺めているのだろうか。やがて上流と同じ水面まで持ち上げられた観光船が水路から出て行った。そのあとを追ってどこから飛んできたのか二、三羽のカモメが舞っている。そこには数十年前の映画のフランスがそのまま残っていた。

同じ思いを経験したのがシャルル・ド・ゴール国際空港にほど近いラレー城館での一夜だった。ジャン・コクトー監督、ジャン・マレー主演『美女と野獣』、この映画のロケ地としてラレー城が選ばれている。今も残る小さな館の前庭を囲むようにして築かれた両翼の長い塀の上には、何頭もの鹿や猪の獣たちとそれを追う猟犬たちの彫刻が連なり、狩猟の館として、また女領主の館としての品格と美しさを兼ね備えた十七世紀の館である。コクトーは南門を飾る一角獣の彫刻に一目惚れしてこの城を選んだといわれている。いま、この城はシャトー・ホテルとして使われ、東から南に広がる敷地はゴルフ場として利用されている。誘われてたまたまここでゴルフを楽しんだ私たち夫婦は、素晴らしい紅葉の森に囲まれたこの城の佇まいにすっかり魅せられて、日を改めて一泊することにした。その晩、十部屋ほどしかない城館に泊まったのは私たち二人だけだった。闇が迫る頃から、急に気温が下がって獣たちに囲まれた前庭には霧が湧きはじめた。霧の中に立つと次第に視界が閉ざされて広い中庭が消え失せ、塀の上の獣たちだけが浮かびあがった。突然庭のあちこちに隠されていた照明が灯されて、獣たちが霧の中にまるで生きているかのように妖しく、また美しく描きだされ、驚愕する私たちをコクトーの世界に引きずり込んでいった。

私が勝手に想像したフランスのイメージは、フランスだけではなくアフリカにも存在していた。モロッコに、アルジェリアのカスバに、そして私たちの長く過ごしたニジェールにも時代こそ異なるが、かつての映画『外人部隊』の世界があり、望郷の念にかられる人たちが残っていた。多くの国が独立した六十年代以前からアフリカに住みついたフランス人はもう僅かになったが、彼らは当時のことを「古き良き時代《ベルエポック》」と美化して懐かしみ、私がかつて映画からイメージしたアフリカの植民地生活を彷彿とさせるものだった。

私たちが「シャンソン」と勝手に決めつけている哀調を帯びた愛の賛歌は、さすがに時代とともに少なくなっている。かろうじて街角やメトロの中の楽師たちが外国人観光客の気を引くためにアコーディオンで奏でているくらいだ。ＣＤ店の若い店員でさえダミアの名を知る人はいない。さすがにシャルル・トレネが亡くなった時は、多くの年配のファンが彼の死を悲しんだ。テレビで時折歌番組のゲストとして懐かしい顔をみせてくれていたジルベール・ベコーも同じ年に後を追うように逝った。

自分の思い出の中にあるフランスを探し、また歴史の舞台となった土地や史跡を探訪し、巨匠の絵画の題材となった風物を訪ねてそこにまた新しいフランスを見出すことも確かに楽しいことだが、フランスに住んで何年か経つうちに、何かもっと別のものを求めている自分に気が付いた。これまで足しげく通った名所旧跡や美術館に収められた名画や彫刻の鑑賞も何となく億劫となって足が遠のき、先に述べたような懐旧の思いを追うことにも次第に興味が薄れていく始末だった。しばらくはそれが何故なのかわからずにいたが、どうやらそれはフランスの内なるもの、フランス人の社会観、そして私たちと同じ世代のフランス人の生活に、より興味を持ち始めているからだと気づいた。自分たちもフランスに住んでみようと思いたったのだから、考えてみれば当然のことかもしれない。

# 第三部

# 定年雑感

## リタイアしたフランスの先輩たち

私は現役を終える最後の十数年間をアフリカで過ごしたために、日本でのかつての上司や同僚が定年になって会社を離れてからどのような生活をされているのか知るよしもない。それゆえ、私が言うリタイアした先輩たちとはフランス人の友人たちのことだ。私のアフリカ勤務中、まわりにいた同じ世代の多くの友人が定年を迎えてさっさと本国に帰っていった。仕事の上での友人もおりゴルフ仲間もいたが気がついた時には、アフリカに残っている中で私が最年長になっていた。休暇でヨーロッパに出たときなど、こうした友人たちから招かれることも多く、彼らの生活を垣間見て私なりに定年後の生活を考えるようになった。

私にとって一番の先輩はレオン・デュバルだ。私がフランスに留学したとき、受け入れ先の原子力庁生産部で留学生係をしていたのがレオンだった。もともと彼は探鉱技師でアフリカ各地のウラン探査に従事していたが、歳をとってからはパリの本部でこの仕事についていた。小柄ながらどっしりとした体躯とトレードマークの頬から顎に蓄えた見事な鬚の奥に漂う微笑みは自信に満ち溢れて、誰もが安心して頼りたくなる雰囲気を醸し出していた。初めてのフランスで私は何かにつけレオンを頼ることになった。彼は誰彼の区別なく親身になってみんなの面倒をみてくれた。半年間のリモージュの現場での集合研修を終えた私は、この機会に少しでも多くフランスを知りたくて、会社の許可を得て残りの半年間はベースをパリに移して普通の留学生にはとても許されない多くのことをさせてもらった。当時フランス原子力庁が管轄していた国内の三鉱床区にあるすべてのウラン稼行鉱山の見学はもとより、フランスの四地域で実施していた探鉱現場への参加やマルセイユにあった海外探鉱基地での特別な資料調査、実験室の利用など私が専門とする分野へのすべての門戸を開いてくれたのがレオンだった。「レオンの頼みなら」と、私の個人的な希望は全て現場側に受け入れられ私は行く先々で歓待された。ウラン生産工場や原子力発電所を見学したのもフランスが初めてだった。ちょうどレオンにとって初孫のブンジャマンが生まれたばかりで、たびたび自宅にも招かれ孫自慢を中心に家族付き合いが始まった。

定年後、デュバル夫妻は一人娘フレデリックの嫁ぎ先でもあるコルシカ島に別荘をかまえ、年のうち半分をそこで過ごすようになった。私たちが最初のアフリカ勤務を終えて東京に戻ると、しばらくしてデュバル夫妻が待望の日本にやって来た。計画してから、かれこれ七、八年が経っていただけに双方が待ちわびた日本訪問だった。私はフランス国費留学生の同窓会名簿から、レオンの世話になった人たちを探してデュバル夫妻の訪日を伝え、一夕彼らとともに夫妻を囲む謝恩パーティーを催した。もちろん留学年次が異なり私には初対面の人が殆どだったが、集まった十数人はそれぞれにレオンとの想い出を手繰り、実に楽しいひと時を過ごすことが出来た。

その頃からレオンは持病の心臓が思わしくなく、日本滞在中も階段の上り下りが大変な様子だった。日本から帰ったその後の手紙には、今度は必ずコルシカに来てくれ、次はわれわれが迎える番だと書いてあった。二年ほど日本にいた私たちは再びアフリカに行くことになったので、これを機会に最初の休暇をコルシカのレオンの別荘で過ごすことにした。ちょうどフランスの夏のバカンス時期とかさなり、コルシカは島中がバカンス気分に浮かれていた。地中海を見下ろす丘の中腹に立つ別荘には孫たちも集まり、赤ちゃんだったブンジャマンもよい青年になっていた。陽が落ちる頃から夕風の立ち始めた浜辺には大勢の人たちが集まり、いろいろなイベントが催されていた。ボリュームいっぱいに陽気な曲を奏でるバンドの周りでは老いも若きも体を弾ませて踊っていた。レオンに命じられるままブンジャマンもゆきこをダンスにエスコートして私たちを感激させた。デュバル夫妻は私たちの訪問を心から喜び、コルシカの急峻な山道を自分で運転して島中を案内してくれたり、フランス本土から大型ヨットで遊びに来ていた近所の青年に頼んで私たちをアジャシオの港から外洋航海に連れ出してくれた。コルシカの一週間は私たちにとって一生忘れられないバカンスとなった。

しかしレオンに会ったのはそれが最後となった。一年ほどしてアフリカにいた私たちのもとに共通の友人アンドレ・デュランドゥから便りが届いた。

兄貴とも慕ったレオンが逝った。知らせを受けてパリから飛んだが間に合わなかった。一週間前に電話で元気な声を聞いたばかりだったが容体が急変した。家族が君にも電話したが通じなかったそうだ。いま、葬儀を終えてパリに戻るためアジャシオ空港でこの葉書を書いている。誰からも愛されたレオンは、コルシカでも皆から愛されていた。葬儀では地元の漁師たちがレオンの棺を担がせてくれと申し出て、海の男たちは海を臨む丘の上の墓地まで泣きながら登って行った。ブルターニュ出身のレオンをだ。レオンを失ったこの寂しさを君と分かちたい。

アンドレ

翌年、コルシカのフレデリックからデュバル夫人の訃報が届いた。私たちはフランスの一番の友人を失い悲しみに打ちひしがれた。

コルシカからレオンの死を知らせてくれたアンドレ・デュランドゥは、私と一歳しか違わないがリタイアの点では数年先輩だ。彼はフランス人には珍しく定年後の生活を持て余したのかフランス原子力庁を定年で終えてから、国連の専門家として私のいたニジェール共和国にやって来た。六十歳になったばかりでまだまだ元気なアンドレは単身赴任の再就職に張り切っていた。彼はニジェール鉱山省の探査局長付きアドバイザー、私は鉱山資源公社の総裁付きアドバイザーとして仕事の上での付き合いが始まった。専門的な知識も経験も非常に豊富なアンドレだが、フランス人によく見られる自己主張は控え目で、さぞかし優秀な成績で学業を終え、社会に出ても恵まれた途を順調に歩んできたと思わせる気さくで誠実な人物だった。しかし予定の一年が過ぎたころから、フランスに残る家族から早く戻ってこいとの矢のような催促で、仕事にはたっぷり未練を残したまま、これ以上いると離婚されるよと笑いながら本国に帰って行った。

数年後、私たちがフランスに住むことになってデュランドゥ家との交際が復活した。待ってましたとばかりに、私たちは愛娘クリスティヌの結婚式に招待された。パリの聖シュルピス教会での挙式が無事に終わって参列者全員はパリから五十キロメートルほど南の披露宴の場に席を移した。会場はシャルーエット渓谷に張り出した小さな丘の上に立つ十二世紀に建てられた封建領主の城館で、今もカペ王朝時代の堀や地下道や物見台の基礎が残る由緒ある屋敷だった。広い庭に設けられた宴席には二百人ほどの招待客が集まり、若い二人の門出を祝福した。宴もたけなわとなったころ、いつの間にか衣装を着替えた新しいカップルがクラシックカーもどきの古色蒼然としたシトロエンのドゥシュボに乗って現れ、クラクションの音も高らかに新婚旅行への旅立ちを私たちに知らせた。招待客全員、カランカランと鳴り物入りで遠ざかる二人の姿をいつまでも見送った。

娘を見送ってちょっぴり淋しそうなアンドレに声をかけた。

「良い結婚式だったね。ところでクリスティヌを嫁に出した父親の心境は？」

「そうか、キミのとこは息子だけだったなあ。実はなあ、この城館は予約が難しくて一年前から頼んでおいたのさ。その間に彼女らが婚約解消しないかと、俺はそればっかり心配していたよ」

幸いに私たちは専門が同じ鉱山地質学で、しかもアンドレが在籍した原子力庁には私も留学して共通の知人も多く話が通じるので、格好の話し相手を得たアンドレの話はとどまるところを知らない。

「退職して三年も経てば昔の職場にいる若い連中は全く異邦人さ。悲しいもんだね、挨拶一つしない」

アフリカのガボンの現場で過ごした新婚時代が話題となりミッシェル夫人とゆきこも話に加わってきて、命がけでしとめた巨象の牙を前に身振り手振りで話が弾む。

「ジャングルのキャンプではライオンやワニや大蛇まで料理させられたのよ」

「地質屋を旦那さまに持ってお互い苦労すること。私のとこは砂漠の国に十年よ」

ミッシェルとゆきこは、じわりじわりとわれわれをこき下ろしはじめる。私とアンドレは話題をそらした。

「ニジェールの探鉱キャンプでは、若い連中が飼っている猫に厳しい上司の名前をつけて蹴飛ばしていたよ」

「ああ、それはジョルジュだ。われわれもガボンでやったよ。ジョジョ、ジョジョ（ジョルジュの愛称）と呼びつけては憂さ晴らしをしたもんだ。奴はみんなに嫌われていたからな」

お互いに自由の身、他愛ない話に夜がふけるのも忘れ、気がつくともうとっくに夜中の一時を過ぎていた。ヴェルサイユのアンドレの家からは、車の往来もまばらになった深夜の八十六号線を十五分も走れば我が家に帰り着く。


我が家に招いた時のことだ。ちょうど十一月のボジョレー・ヌーヴォーの解禁日とあって気を利かせたつもりでアペリティフにこれを出した。途端にアンドレはミッシェルと顔を見合わせて笑った。

「日本人にボジョレー・ヌーヴォーをご馳走になるとは恐れ入った。商魂逞しいフランス人にしてやられて日本では有名になっているようだが、フランスでは出来立てのヌーヴォーを誰も好まないから、勿体をつけてもっぱら外国向けに出しているんだよ」

私たちは取って置きの別のワインを抜いて口直しの乾杯をした。

デュランドゥ夫妻は南フランスのヴァロリーズに別荘を持っていて、夏場はほとんどそこで過ごしていた。私たちもバカンスは例年ニースで過ごすので交際の場が南に移動することになる。が、その自慢の別荘は丘の頂上に建っていて、地中海はもとより天気の良い日にはイタリア・アルプスまで望める素晴らしさだが、とにかくわかりにくいところにあって訪ねるたびに道を見失う始末だった。最初は途中で道を尋ねた白バイ二台がわれわれの車の前後を固め、信号無視でふっ飛ばして玄関に乗りつけアンドレ夫妻を驚かせた。丁度アペリティフの時間だからと誘われた警官二人は、庭の中に白バイを隠して、じゃ、ちょっとだけ頂くかとワイングラスを傾けてお喋りの輪に入る。明るい南仏の太陽の下、誰もが陽気に大らかになる季節だ。その次の年も久しぶりとあってまた道が判らなくなり、今度はパトカーに先導されてたどり着いて呆れられた。三度目はポンピエ（消防車）でも雇って来る気かねとアンドレが冷やかす。来秋はシルクロードの旅に出るが一緒に行かないか、地質図はもう用意したよと計画に余念のないアンドレを見ていると、そこには充実したフランスの「定年」があった。

私たちがフランスを離れてからは、ときどき東京の我が家まで国際電話をかけてきた。相変わらずの饒舌で、夫人の血を引いてハンサムでご自慢の原子力潜水艦艦長の長男もそろそろコロネルに昇進する頃かねと冷やかそうものなら、とんでもない、間もなくジェネラルさと口だけは達者だったが、筆まめなアンドレから来る便りはもっぱら体力の衰えを綴るようになった。遂に数年前のクリスマス・カードにアンドレが喉頭ガンの化学療法を受けているとミッシェル夫人から知らせがあった。そして半年後、息子ジェネラル・デュランドゥの勇姿を見ることなくアンドレは帰らぬ人となった。

同じアンドレでも、もう一人のアンドレ・ルチュリエは私より三歳年上で、フランス人には珍しく滅多に冗談も言わない、実に生真面目な人柄だ。私たちは同じ時期にニジェールに勤務していた。私たちとの付き合いはジャックリーヌ夫人が生け花を習いにきたことから始まった。ニジェールには国際夫人クラブという外国人の夫人たちのボランティア活動グループがあって、ゆきこはそこで日本の生け花を教えていたからだ。多いときは五十数人もいたお弟子さんの中でジャックリーヌは優秀な生徒の一人だった。一方、私が仕事の関係で出入りするようになったフランスの大手石油会社エルフ・アキテーヌは当時サハラ砂漠の南端で石油を探査していて、そのニジェール事務所長がアンドレだった。対象とする資源こそ異なるが、私たちは共に地質屋として話が合い、情報交換の域を超えて足りない探査機材の貸し借りまでする親しい仲となった。ルチュリエ夫妻は定年を前にしてパリの自宅を売却し、カンヌに近いムージャンに千平方メートルもある土地を購入して、そこに大邸宅を建て、退職と同時にアフリカから引き揚げて行った。ジャックリーヌと親しかったゆきこは、休暇を利用しては新装したばかりのムージャンの家にしばしば泊めてもらっていた。

私たちがフランスに住むようになってからは、毎年バカンス先のニースに着くと連絡を取り合って何処かで落ち合って旧交を温めた。最初のころは珍しさもあってパリから南仏までの道のりも、途中の小都市に立ち寄ったり、あちこちに点在するシャトー・ホテルに宿泊しながら飽きることなく楽しんでいた私たちも、やがて年齢を重ねるうちに長距離運転にやや疲れを覚えるようになった。そしてもう一つの理由に私の視力低下があって、最後の二、三年は味気ない空の旅を選ぶ羽目となった。ルチュリエ夫妻はわれわれが車で来なかったことを知ると、わざわざニースのホテルまで迎えに来てくれて南仏各地の名跡や美術館に案内してくれた。そしてある時、たまたま話が視力の低下に及ぶや、アンドレは、自分も白内障を患っていたが最近手術してよく見えるようになった、ニースに優秀な眼科医がいる、簡単だよ、入院の必要も無く日帰りで済むんだ、うちに泊まって通えばよい、決心がついたらいつでも連絡してくれ、全部こっちで手配するからと親切に言ってくれた。アンドレ以外にもこれまでに何人かから同じ勧めを受けていた。しかし私は、病院が大嫌いなだけではなく、他の事ならいざ知らず、眼の手術に関するような微妙な表現などとてもフランス語で出来る自信がないので逃げ回っていたのである。

次の夏、いつものようにニースでバカンスを過ごしていた私たちは、ルチュリエ夫妻とカンヌの駅で落ち合うことにして夕方から列車で出かけた。駅に降りると既にアンドレが迎えに来ていて、私たちは長男のステファン夫妻が経営するレストランで夕食をとることになった。駅前に駐車してあった車に皆が乗り込んで、さあ出掛けようと車をバックさせた途端、ちょうど横から入って来た車にどか〜んと大きな音を立ててぶつかってしまった。メガネを掛けなくなったアンドレの顔が一瞬歪んで大声で叫んだ。「メルド（こん畜生）！」。私は彼の勧めでニースで白内障の手術をせずに良かったと口まで出かかった言葉を危うく呑み込んだ。

最後にもう一人、私たちの友人の中で最も陽気で楽しい男はジルベール・ブルディユをおいて他にない。私よりも一回り若い彼は、日本のいわゆる銀行マンのイメージからは程遠い全く型破りの銀行マンだ。いつも酒気を帯びたようなエネルギッシュな赤ら顔に白いものが交ざり始めた無精ひげを生やし、その引き締まった大柄な体躯は一見、格闘家を思わせた。西アフリカ諸国中央銀行ニジェール支店の頭取付顧問をしていたが、私たちの付き合いは仕事の上ではなくゴルフ仲間として、またゆきこの生け花教室にジスレン夫人が入ったことから始まった。

彼の周りでは笑い声が絶えなかった。大きなジェスチャーを交えて大声で話す地方訛りの彼の冗談は、私にはかなり難解だった。彼は私が理解出来ないと察すると、今度は別の言い回しで易しく説明してくれた。ときには、キミは外国人なんだから決して人前で使ってはダメだよと断りながら卑俗な表現を教えたりするものだから、これがまた周りの者には面白くて笑いを呼び、彼の話はどんどんエスカレートしていった。


美食家のジルベールは、料理の話になると留まるところを知らない。招待された食卓を飾るのは勿論彼の手料理だ。ジスレン夫人によるとその日は朝から仕入れに走り回るそうだ。夫人はもう諦めたのか彼の好きなようにやらせている。料理が変わるたびにそれに合ったワインを探しに地下室に下りていく。食事中は勿論、否応なしにワインと料理の講釈を聞かされる。

ニジェールの首都ニアメにある数少ないフランス人経営のフランス・レストラン「タバカディ」に夕食に行った時だった。なんと、ジルベールがナフキンを腕に垂らして真面目な顔で横に立っている。ゆきこと二人、あっけにとられていると、彼は恭しく言った。

「ご注文を承ります、今夜のお奨めは……」

私たちは思わず吹き出してしまった。彼もいつもの顔に戻って笑いながら大声で続けた。

「いやね、ここのオーナーがバカンスをとってフランスに行ったので夜だけ一寸代わりをしてやってるのさ。客の殆どは友だちなんで結構楽しいよ」

勿論その晩のメニューは全部彼にお任せだ。

ジルベールは定年になっても大人しく引っ込んではいなかった。しばらくパリの郊外に新しく買った家の手直しなどしていたが、それが片付くと隣家に留守を託していそいそとまたアフリカに飛んでいった。一年ほどコートジボワール共和国のアビジャンに勤務していたが、北部地方で反政府軍の不穏な動きが始まったので私たちも心配になってメールを送って安否を尋ねた。

「このところ治安が悪くなって外出も禁止された状態だ。まもなくフランスの空挺部隊がやってきてわれわれ在留フランス人は全部本国に引き揚げることになっている。毎日上等のワインから口を開け、フォアグラやラングスターなど旨いものから片付けているよ」

相変わらず彼らしい返事が返ってきた。一旦は引き揚げたものの治安が回復するとまたアビジャンに飛んで行ったが、さすがに帰国後は故郷のトゥールーズに引っ込んでようやく人並みの定年生活に入ったようだ。東日本大震災直後には一番に電話をよこし、地震の被害はなかったか、フクシマの影響はと私たちを案じてくれた。トゥールーズは良い所だよ、いつでもフランスに逃げて来い、われわれは大歓迎だとクリスマス・カードに書いてくる。

## フランスの定年、日本の定年

フランスでは六十から六十二歳で定年を迎えるのが一般的である。殆どの人がリタイアを心待ちにしている。

フランスのテレビ番組には賞金だけを目的とした低俗なクイズ番組も多い中で、珍しくかなり専門的でしかも広範な知識を必要とする本格的なクイズ番組がいくつかある。ジュリアン・ルペールが司会して二十年以上続いている長寿クイズ番組『チャンピョンへの道』もその一つだ。月曜日から土曜日まで毎夕流される四十分番組で、四人の回答者の三人までが男女を問わずリタイアした年配の人たちである。司会者はクイズにはいる前に、まずその人たちの出身地の自然や歴史についていろいろと質問する。次に司会者が職業を尋ねると、誰もが申し合わせたように「リタイアしました」と胸を張って答えている。そう、フランスでは定年退職が最高の職業だと誰もが信じて疑わないのだ。司会者も現役時代の職業についてまれに尋ねることはあっても、その人の過去の地位や職歴について尋ねることはない。「定年退職」そのものが確固たる地位を築いているからだ。

この番組は高年齢層に非常に人気があって、

「この番組を一週間休むと、メゾン・ド・ルトレット（老人ホーム）で八十五パーセントの自殺者がでる」

といささか茶化した新聞論評があったほどだ。各地方にはこの番組の愛好者クラブがあり、お互いに知識を交換し競い合っているということで、十八世紀のフランスのエンサイクロペディズム（百科全書主義）が今なお息づいている感さえする。年に幾度かは、勝ち抜いた人たちを集めてのチャンピョン大会やら一流大学同士の対抗戦なども催される。チャンピョン大会には全員がタキシードとイヴニング・ドレスの正装で参加する。ポリテクニックの学生は復古調の制服に勲章までつけて仰々しく参加するほど権威のある番組である。フランス人の定年に対する考え方がよく表れていると同時に、階級意識の強いフランス社会の一面までも見せてくれるこの番組を、私はすっかり気に入ってフランス滞在中欠かさず見ていたものだ。そしてフランスの定年退職者が現役時代に倍して活き活きと生活を楽しんでいる様子を見て、非常に羨ましくさえ思ったものである。

アフリカ勤務中はフランス航空を頻繁に利用していたので、ゲートでパスポートをチェックした顔見知りの空港職員から言われたことがあった。

「あなたもいよいよトロワジェーム・アージュ《六十代》のお仲間入りですね、おめでとうございます。これからもフランス航空をご贔屓に」

フランスに住むようになってからも一時帰国の際に機内で同じような経験をしたことがある。私たちの席に来たパーサーとこんな会話を交わしたことがあった。

「オグラ夫妻ですね。いつもフランス航空をご利用いただき有難うございます。何かありましたら何なりと御用命下さい」

「有難う。でもなぜ私たちを知っているのですか」

「フレカンス・プリュス（フランス航空のマイレージ・ポイント制度）の会員で、いつもご利用いただくので」

「ああ、でも以前はアフリカに住んでいて仕事でよく乗ったけれど、今はもうリタイアしたので、エコノミー・クラスですよ」

ビジネス・クラスならともかくエコノミーの席まで挨拶にみえたので、いささか戸惑って答えると、

「リタイアですか。いいですね、最高の仕事ではないですか」

と返ってきた。リヨン出身だというパーサーは、私たちがその夏にリヨンを訪れ、名物の川カマスのかまぼこやモツ料理が美味かったと言うと、大喜びで美食《ガストロノミー》の町として有名なリヨンの郷土自慢をひとしきりしたあと、よいゴルフ場もあるからこの次は自分がいる時に是非来てくれと、しばらく話し込んでいった。まさかこんな会話の結果とは思えないが、一時帰国を終えてフランスに戻るにあたって、かなりの超過料金を覚悟して成田空港のフランス航空のカウンターに並んでいると、係の男性がどうぞこちらへと私たちを別のカウンターに誘導しながら小声で囁いた。

「当方の不注意でオーバー・ブッキングとなりましたので、今日はビジネス・クラスを用意いたしました。どうぞごゆっくりよい旅をなさってください」

どうしてどうして、こんな不注意ならいつでも歓迎だ。

前にも述べたようにしばらく日本を離れていた私は、かつて一緒に仕事をした会社の先輩や

同僚たちが定年後にどのような生活をされているのかほとんど知らない。しかし年賀状に書き足された短い近況報告によると、地元の囲碁クラブの会長を引き受けて今まで疎遠がちだった地域社会とのコミュニケーションをはかっている、独立した子供たちの空き部屋を改造したアトリエで制作に余念がない、男の料理教室に通い始めた、年に一度は夫婦で海外旅行をしている等々、現役時代には充分な時間がなくて出来なかった趣味に多くの時間を割く毎日のようだ。

最近、本屋の店頭に数多く並んでいる「定年もの」をちょっと立ち読みしてみた。趣味に生きる、これまでと全く異なる環境に身を置いて新しい仕事をはじめる、ボランティアの世界に生き甲斐を求める等々、いずれも理想的な定年後の生活設計である。ただ気になることは、このいずれもが「何かをしなければならない」という相変わらずの義務感と悲壮感に満ちた気負いを感じさせることだった。現役を終えてようやく本来の自分の生活が始まろうというのに、また同じように今度は自分で自分の首をしめている。そして周囲はそれをあたかも美談ででもあるかのように取り上げているのだった。

無趣味で何もせずにぶらぶら過ごすことが、罪悪とまではいかないまでも、日本では好ましからざることだとは私も実際に経験している。「フランスでのんびりと過ごしています」とは気恥ずかしくて言えない雰囲気が日本にはある。改めて自分がこの世代の生きかたを考える歳になってみると、定年後も何かしていなければならないわれわれ日本人と、リタイアを心待ちにしてごく自然にこの生活を受け入れ楽しんでいる周りの西欧人とでは、良し悪しは別として、そこに大きな違いを認めざるを得ない。

だが、時代は変わりつつある。日本に戻って気が付いたことだが、揃いの登山帽に小さなリュックサック姿で散歩する熟年夫婦が目立って増えたことだ。以前はあまり見かけない風景だった。東京の郊外にある我が家の裏を流れる河川に沿った遊歩道を、健康のためか足早に歩いている二人連れは、腕を組んでソー公園をゆっくりと散策する同じ世代のフランス人のカップルとは似ても似つかぬが、定年になって夫婦二人の家庭を新たに築こうとするぎこちなさのようなものが感じられて、むしろ微笑ましい風景でもある。

私たちが長年暮らしたニジェールという国はイスラム教で、宗教的な制約ゆえにモスク（イスラム教会）での礼拝とか結婚式などの公の場ではまだ男女席を異にしていた。しかし私たち外国人は、仕事を離れたプライベートの付き合いは何をするのも夫婦が一緒だった。ゴルフのコンペが終わる頃には、参加しなかった夫人たちが料理を持ち寄って賑やかなピクニックが始まったし、夫人たちの趣味やボランティアの集まりが終わって夜の部に入ると、いつの間にか仕事を終えた旦那たちも顔をそろえているといった具合だった。まわりのアフリカの人たちは別として、欧米の人たちを見るかぎり彼らは定年になったからといって、急に夫婦が意識して生活を変えるわけではなく、現役からリタイアへの家庭内での移行も非常にスムーズに行われているようだった。

前述の先輩（友人）たちは、多分に中流以上の階層の人たちで、かつては大企業に勤めリタイア後も現役時代の給料の八割近い年金を受け、その上、元の会社が企画する海外旅行やゴルフ・コンペなどを、かつての同僚たちと家族ぐるみで楽しんでいた。日本式の退職金こそないが定年後も経済的にかなり余裕のある人たちだ。

では一般の高齢者はどんな生活をしているのだろう。しかし生活レベルが比較的平均している日本と異なり、生活格差の大きいフランスの人たちの一般レベルをどこに求めればよいのか、私たちには非常に難しい問題だ。中華街まで足を延ばさなくとも、地区によってはこれがフランスかと疑うほどにアフリカやアラブ系の移民が多く居住するところもあり、これらの人々も法的にはフランスの国籍を持ったフランス国民だから平均的なフランス人を求めることなど到底不可能に近い。

しかしフランス人が一般に環境が良いと認めている私たちが住んでいたパリ郊外に限ってみると、まず言えることは、町の中で高齢者の姿が非常に目につくことだった。特に、この地区は郊外の静かな住宅地で、年代を感じさせる大きな邸宅が並んでおり、どうやら二世代、三世代が同じ屋敷に暮らしているのだろう。毎朝、大きなカバンを背にした子供たちが、出勤する父親や母親に手を引かれて近くの学校に急ぐ姿は見慣れた風景だ。共稼ぎなのだろう、日中の住宅街は比較的森閑としている。しかし、それも午後の学校の退け時になると急に騒々しくなる。迎えに行ったおばあさんがこの時とばかりにねだる孫たちに菓子を買い与えている姿や、元気のよい子供と犬とをもてあまし気味にしているお年寄りに出くわす。日暮れ近くなると勤め帰りに買い物に急ぐ若い人たちが加わって更に活気を帯びてくる。

老人の独り暮らしも結構多いとみえて、かなりの年配と思われる人たちが独りで買い物に来る。列をなして後ろに待つ人たちの迷惑などお構いなしに、人恋しさのあまりかレジの人を相手にお喋りをしている高齢の女性を見かけることも多い。公園のベンチの日だまりでお喋りに余念のない年老いた女性たちの姿などもあちこちで見かける光景だ。中には独りでの外出がおぼつかなくなって、時間決めで雇ったのだろう、たくましい黒人の青年の腕に頼って散歩する高齢者も目につく。週末に地方に出かけてよく見かける光景は、明らかに八十を過ぎた正装のカップルが、教会のミサの帰りに街角の小さなレストランで食事をする姿だ。その日のランチ・メニューを二人でわけるようにして済ませたあと、これが目的で来たのだと言わんばかりに大きなデザートを前に何時間も二人で語り合っている。

ソランジュ夫妻は私たちのアパルトマンの二階の住人だ。どうやらゴミ袋を出すのはソランジュ氏の担当のようで、地下室の裏口に通じるゴミ置き場でよく出会う。「ボンジュール、お元気ですか」と挨拶する。「私はもう九十二歳なんでね」といつもの挨拶が返ってくる。一歩一歩ゆっくりと階段を一緒に上りながら世間話をする。一寸寄っていかないかと誘われて二階の自宅に招かれたことがあった。読書家らしく書棚にびっしり並んだ本を前に、もう自分には必要ないから好きなのを持っていってくれと言う。急に言われて私の方が戸惑っていると「これはどうかな、ドゴール将軍の演説集だよ、きっとフランス語の勉強にもなるよ」と、その中から一冊を抜き出してきた。私は断る口実をとっさに見付けることが出来ずに、その格調高いフランス語で知られた演説集を有難く戴いてそうそうに退散した。その後しばらく老夫婦の姿を見かけることがなかった。半年も経った頃、アパルトマンの下で外出から戻ってきたソランジュ老人と出会った。

「しばらく見かけないので心配していたのですよ。お元気でしたか」

「九十五歳になったがね、なぁに大丈夫さ。最近二人で老人ホームに入ったんだよ。週に二日ほど『外泊』することにしたので今日は泊まっていくんだ」

そう言って心持ち軽い足取りで自宅への階段を上っていった。

ここで「平均的なフランス人」と言っても差し支えないと思われる私たちの知人を紹介しよう。

フランスに来てから知り合ったジャン＝クロード・ロビンさんだ。頼まれ仕事でアフリカまで出張するのにシャルル・ド・ゴール空港までタクシーを頼んだところ、いつも来てくれる個人タクシーの運転手さんが、もう俺は定年だから友だちを紹介するよ、お宅の場所もよく説明しておくからと言って、代わりに迎えに来てくれたのがロビンさんだった。私よりも一回りは若く人当たりの良い彼は、話題も豊富で退屈させられることも無く空港まで送ってくれた。当時、北アフリカのチュニジアで日本の鉱物資源開発プロジェクトが動いていて、私はプロジェクトの立ち上げ当初から関わっていた。チュニジアは地中海を跨いでフランスからほんのひとっ飛びで行ける距離にあり、現地からの呼び出しで気楽に出掛けることが可能だった。そんな関係で私はしばしばロビンさんに頼んで空港まで連れて行ってもらった。彼は頼んだ時間に間違いなく来てくれたのが何よりも私は気に入った。日本では当然のことだが、フランスでは非常に稀なことだったから、それから三年後にロビンさんが定年で引退するまで続いた。折角良い人にあたったのにと私が彼の引退を残念がっていると、ムッシュ・オグラさえ良ければ、これからも迎えに来てあげるよと言う。そして最後まで私は彼の「白タク」で安心して空港まで送ってもらった。

丁度、旧フランス・フランからユーロに代わった年だから二〇〇二年の正月だったと思う。長男一家、親子四人が冬休みを利用してパリにやって来た。前年の夏休みに中学生の息子が「平凡な夏休みだった」と宿題の作文に書いたのを母親が読んで、これは拙いと気になってこの旅行を計画したという。狭い我が家に六人が揃って賑やかな正月となった。フランスの地方も見物したいというので日帰りでロワール河畔の古城めぐりを計画した。短い冬の一日を有効に旅するには詳しい人にと、そこで思いついたのがロビンさんだった。彼は喜んで私たちのガイド役を引き受けてくれた。ロビンさんは、まだ明けやらぬ早朝からミニバスまがいの大きな車を借りて迎えに来てくれた。ブロワ城とシュノンソー城の見学のあとワイン蔵の見物など初めて観るものばかりで孫たちも大喜びだった。小さなレストランで昼食を済ませたあと、小学四年生の孫娘が気後れもせずにサロンにあったピアノに座って弾きだしてロビンさんを驚かせたりもした。私たち家族と一緒に過ごした一日は、あとあとまで良い思い出だったようで、会うたびに孫娘は大きくなったかいと目を細めて私たちに尋ねていた。幾度か招かれた彼の家は、私たちと同じパリ郊外イル＝ド＝フランスの一角にあるこぢんまりした一戸建てで、五十坪ほどの芝生を敷きつめた庭のまわりに果樹木を配し、小鳥が巣籠もりしたの、雛がかえったのと夫婦で定年後の生活を楽しんでいる風情だった。私たちがフランスを離れることになって、グランゼコールを出て薬学博士の資格を持つご自慢の一人娘クリスティヌも交えて送別会をしてくれたあと、

「ムッシュ・オグラの車は私が買おう。まだ十万キロちょっとしか走っていないよね。家内の車は二十万キロを超えてそろそろ車検が通らなくなるから、彼女にプレゼントすることにしたから」

となり、私たちが愛用した赤いプジョー一〇六は、今もパリの街を走っているよと思い出したように東京に電話してくれる。

もう一組は、同じ地区に住むアンリエット夫妻だ。ソー公園に隣り合った閑静な住宅地に住み、夫君が市役所の職員を定年退職後、ジャックリーヌ夫人は自宅の一部をアトリエに改造して趣味の抽象画の制作に余念がない。やや小太りで小柄な彼女は非常に活動的で、この地区の絵画同好クラブの会長も引き受け、みんなの信頼も厚い。絵画クラブの存在を知ったゆきこが入会を希望すると、日本人の会員は初めてだわと大喜びで歓迎された。ふた月に一度は展覧会が催された。会場は、市の公民館だったり図書館の大広間だったりバカンス中の学校の体育館だったりしたが、オープニング・セレモニーはジャックリーヌ会長の挨拶のあと必ず来賓の市長の祝辞で幕を開けた。裏方の準備は、夫人とは対照的に痩身で物静かな夫君ジャックさんがすべて担当した。まさに婦唱夫随である。クラブの創立三十周年を祝う展覧会は、ソーのお城の中で盛大に行われた。この時は絵を描かない私も当番を買って出て、一日中お城の番兵として協力したものだ。

このクラブでは年に幾度か親睦を兼ねて日帰りのバス旅行が行われた。会員の中には定年後の高齢者も少なからずいて、連れあいや付き添いの家族の参加も多く、私たち二人にとっては地域社会に溶け込むまたとない機会でもあった。目的地には地方の景勝地が選ばれて、決まってお昼は地方色豊かなレストランで郷土料理を前に和気あいあいの長い時間をかけての食事を全員が楽しんだ。この中で忘れられない思い出の一つに、たまたまテーブルの席が隣り合ったかなりの年配の老人がいる。彼は、あの有名なノルマンディー上陸作戦に参加した生き残りの旧兵士だった。私の好奇心に応えて当時の模様を語るうちに次第に興奮してワインも進む中、すっかり若返って周囲の人たちの気を揉ませたことがあった。

## なぜ私たちはフランスにいるの

「なぜ、私たち二人きりでこんなところにいるのでしょうね」

ある朝ふとゆきこが呟いた。

「なぜって、われわれの計画どおりの生活だよ」

「それはそうだけど、不思議な気がしない？　いくら昔からの夢だったといっても、どう考えても今の生活は私たちには出来すぎた、身分不相応に贅沢な生活だと思うわ。気が向けばいつでも美術館に行って素晴らしい絵や彫刻を観ることが出来るし、バレエやオペラやコンサートだっていつでも鑑賞出来る。目的もなしにぶらりと街に出ても四季とりどりの花で飾られた町並みが目を楽しませてくれる。フランス国内にかぎらずイタリアでもスペインでも周りの国なら気楽に行くことも出来るでしょう」

「いや、お金の問題ではないわ、お金の問題なら私たち足元にもおよばないわね。日本人の観光客は十日足らずの海外旅行でお土産だけに二百万円もかけるお金持ちなんだから」

「こんな生活、いつまで続けることが出来るんでしょうね、恐ろしいみたい」

「それに普通の家庭は、定年になったら家でつつましく趣味の生活を送ったり、孫たちと一緒に遊んでいるというのに、我が家ときたらいまだに遊牧民のように外国をうろついて落ちつくことを知らないのだから、変わってるのかしら、私たち」


私たちは外国志向が強く、とくにフランスに興味を持ったに過ぎないといえばそれまでだが、実はもう少し深いところにも理由があった。私たちは四十代の終わりから六十代の始めにかけて仕事の関係からそのほとんどをアフリカで過ごしたことは既に述べた。フランスでの生活はその延長ともいえる。仕事そのものは日本であろうがアフリカであろうが、大変さは大同小異のはずだ。しかし、自然環境をめぐる生活の場に関しては雲泥の差があることは動かせない事実だった。平和な日本では考えられないようなことが、アフリカではいつ起きても不思議ではない。

一九九五年の初めに西アフリカで猛威をふるった脳髄膜炎《メナンジット》は、ワクチンが間に合わずに私たちの住むニジェール共和国だけでも三カ月間に三千五百人以上の幼い命を奪った。政府の腐敗を嘆き国の将来を憂いてクーデタを起こし政権を握った国家元首が、わずか三年後には腹心の部下に暗殺されて肉片と飛び散った。

金鉱石の露天掘り採掘現場で落盤事故が発生した。二十三人が生き埋めとなり救助隊が駆けつけた時には地底からまだ呻き声が聞こえていたが、二次災害を恐れて救い出すことが出来なかった。数日後、私はその採掘現場を視察した。事故現場には簡単な柵を施しただけで、皆は何事もなかったように作業をしていた。全員の遺体は見付かったのかという私の問いかけに、作業員の一人が答えた。

「遺体を掘り出してもまた墓地に埋めるだけさ。それならこのままにしておく方が、みんな一緒で淋しくないだろうよ、アラーの神の御心《インシャラー》のままに」

今にも墜落するかと思われるおんぼろ飛行機の座席に体を叩きつけられながら、ゆきこは日本にいる息子たちに遺言を書いていた。たまたま持っていた鶴岡八幡宮の「お守り」に書きとめれば、きっと誰かが見つけてくれるだろうと信じて。ニジェールを兼轄する在コートジボワール共和国日本大使館に最終帰国の挨拶に行った帰りのことだ。クーラーの効かないアビジャンの国際空港で十時間近く待たされた挙句に、空港バスで連れて行かれた深夜の滑走路に待っていたのは五十人も乗れるかと思われる隣国ブルキナファソ航空のホッカー機だった。三時間余りの緊張を強いられたフライトを終えてなんとかニジェール空港に着陸した時には、乗り合わせていた数人のアメリカ人シスターたちが一斉に十字を切り、乗客全員が抱き合って生きていることを確かめ合った。これまでにも、まだ国内便にＤＣ３型機が飛んでいた七十年代には、大幅に遅れ夜間飛行を余儀なくされて、かがり火を焚いたドラム缶を滑走路の両側に並べて待ち受ける真夜中の地方空港に手探りで着陸する離れ業を経験したり、鉱山現場までチャーターしたセスナ機が砂嵐で見失った滑走路を燃料ギリギリまで探し求めて砂漠に不時着まがいの着陸をしたりと、幾度かアフリカのパイロットに生命《いのち》を預けてきたが、アフリカ滞在最後のこのフライトも十分スリルに満ちたものだった。

　大きな住宅を借りて数人の使用人を雇い、広い庭の芝生の緑を目当てに朝に夕に数羽の孔雀が舞いおりるアフリカの日常生活は一見派手で優雅に見えるだろう。しかし一皮剝くと、家のまわりに高い塀と鉄条網を張り巡らし、寝ずの番を雇わなければ安心して眠ることが出来ない、いや、その兵隊上がりのガードマンでさえ百パーセントは信用出来ないというのがアフリカの現実だった。年のうち八カ月は一滴の雨も降らない厳しい自然環境。昼間は四十度を超える暑さである。そして備えつけの古びたクーラーと天井にぶら下がってガラガラとまわる大きな扇風機の騒音から逃れられるのはわずかに二カ月に過ぎなかった。海の青さも樹木の緑も見ることの出来ない砂と太陽だけの砂漠の国の十余年は、やはり相当に厳しいものだった。私たち夫婦の人生観、少なくとも私の人生観は、すっかり変わったといっても過言ではない。

当時の私たちには、地中海一つ飛び越えた先のフランスは飛行時間にしてわずか五、六時間の距離だが、全く別世界に映った。いや、天国と言ってもはばからない世界だった。休暇で首都のニアメ空港を飛び立って四時間、ようやく砂に煙る褐色の大地が後方に消え去って、前方に紺碧の地中海を眼下にするころから、私たちは南フランスの豊かな緑の麦畑とはるか彼方に雪をかぶったアルプスの山々が現れるのを、食い入るように探した。

私たちの休暇は、フランスで「飢え」を癒やすことから始まった。パリの空港から直行する行きつけの寿司屋さんは心得ていて、私たちのために特別に大きなネタを載せて握ってくれた。一年振りの海の幸、それにもまして真っ白の大根のツマが、暑さで干からびた野菜しか手に入らなかった私たちには何よりのご馳走だった。

健康に関しても油断は禁物だった。少しぐらい体調を崩しても地元の病院に行く気はしなかった。長年家族付き合いをしたキム夫妻は、ご夫婦とも韓国政府から医療協力で派遣された優秀な医師だったが、さすがに勤務先の国立病院の門を叩くのは気が重く、無理を承知で時間外に自宅に伺って診て頂いた。

高熱が下がらず、いよいよ苦しくなったゆきこを、唯一フランス人が経営するクリニックに連れて行った時のこと、

「ボンジュール・マダム」

「ボンジュール・ドクター」

「ああ、これはマラリア熱だね、マダム」

握手をしただけで検査もせずに、涼しい顔でマラリアと診断を下された。アフリカ勤務百戦錬磨の軍医であればまだしも、時には兵役免除のために開発途上国に派遣された若いインターン生だったりすると泣くに泣けない。マラリアなんてアフリカでは病気のうちに入れてもらえないんだよと私にも冷たくあしらわれた彼女は、何年かして再び高熱を出すと「マラリアかも

しれないわ」とさっさと自分で車を引っ張り出してクリニックに走って行った。

ところが二〇〇〇年の正月、フランスから一時帰国していた私は、高熱にうなされて体の震いがどうにも止まらなくなった。私には初めての経験だったがこれはマラリア熱だと直感し、夜が明けるのを待って東大医科学研究所のマラリア専門の木村先生に電話した。

「最近マラリア感染危険地域に入りましたか？」

「三年ほど前までは長期間西アフリカに住んでいましたが、最近では昨年ニジェール共和国に六カ月ほど出張しただけです」

「では帰国して既に半年以上経っていますね。マラリアの潜伏期間は一般にはもっと短いからマラリアではないでしょうよ」

自分では確信をもっていたので日曜日だったが無理にお願いして急患の許可を頂いた。

採血して検査室から出て来られた先生は笑いをかみ殺したような表情で私に告げた。

「出ましたよ、出ましたよ、原虫がたっぷりと。三日熱マラリアですね」

即刻入院となりそれからの四日間、私は貴重なマラリア原虫の提供と交換に個室で優雅なＶＩＰ待遇を受けた。今でもこの話になると、ゆきこは「私の時は……」と僻《ひが》んでいる。

今にして思うと、フランスは当時の私たちにとって日本に代わる「心のよりどころ」だった。私たちは年に一度の健康管理休暇を利用してフランスに行き、「心の飢え」を癒やしエネルギーをたっぷり充電してまたアフリカに帰任した。長年緊張を強いられたアフリカ生活を終えた私たちには、定年後どっぷりと日本の生活に浸ることも選択肢の一つだった。生水も生野菜も何の心配もなく口にすることが出来る、そして世界中で一番治安の良い安全な国といえば、日本以外に見当たらないだろう。しかし、アフリカから最終的に引き揚げてから、長い留守で溜まっていた雑用を片づけるために一年ほど東京で過ごした私たちは、何故かゆっくりと落ち着くことが出来なかった。日本とアフリカとのギャップがあまりにも大きかったためかもしれない。それとも生来の海外志向を抑えることが出来なかったのだろうか、帰国した翌年にはアフリカ時代に「心のよりどころ」となったフランスに落ち着いていた。

# 第四部

# フランス撤退

## アパルトマン売却の時が来た

定年後を充分に楽しませてくれたフランスの生活に終止符を打つ決心をした理由は幾つかあるが、そのいずれもが私の年齢に関わる問題だった。それまで私たち夫婦は全く自分の年齢を意識することなく健康にも恵まれて過ごしてきた。ゆきこは毎日アトリエ通いで自分の子供や孫たちと同じ世代の若者たちと一緒に学んでいたから自分の年齢など一切考えたことも無く、学生食堂で昼食をとり、美術館でも映画館でも当然のように学割を振り回していた。私たちは私の六十歳代最後の想い出にと車でフランス、スペイン一周旅行を実行した。数千キロにわたるドライブを終えて無事帰還した私たちは、アフリカ時代からの親しい友人たちも招いて、数日後に巡って来た私の七十歳の誕生日を祝った。

その後も私たち二人は稀に病院に行くことはあっても、入院が必要となるような重い病にかかることもなく順調に過ごしていた。ところが、私が七十五歳に達した時、これまで長く利用していた日本の海外旅行傷害保険が高齢の長期滞在者には適用されなくなったことが判明した。今になって思うと、日本で新たに採用された後期高齢者医療制度と何らかの関係があったのかもしれないが、当時は保険会社に問い合わせても納得のいく回答は得られず、この先、保険利用頻度が増してくる私たちには大きな問題として将来への不安が広がっていった。アフリカ勤務当時から健康診断にも利用していたパリのアメリカン・ホスピタルは診療費が特別高いことで有名だ。それでも日本の保険が利くので安心していたのに、これからはうっかり病気にも罹れない。

一方で私は立て続けに数人の知人の訃報を受けた。大学の同級生が亡くなった。アフリカで一緒に仕事をした役所や企業の同年輩の友人やかつての会社の同僚、それも私より年齢が若く、つい二年ほど前にパリを通過したからと誘いがあって一緒に食事をしたばかりの友人もいた。私には大変なショックだった。私たち二人のうちどちらかが具合が悪くなってからでは遅い。二人の体力と気力があるうちに一旦帰国しよう。また来る余裕があればその時はトランク一つで出てくればよいではないか。フランスの生活がすっかり気に入っているゆきこを説き伏せて帰国を決断したのは十年余り過ごした二〇〇七年の秋ごろだった。

先ず不動産の処分が先決問題だった。色々な人の意見を総合すると信用の置ける不動産業者に任せるのが良いらしい。郵便箱に幾つも投げ込まれていた売却希望物件の無料査定の広告の中からよく見かける大手不動産会社フォンシアを選んで電話した。その会社は全国的なネットワークで集めた物件の情報を一括インターネットを通じて営業しているという。翌日、地区の担当者が見積りのために来宅した。四十歳代の落ち着いた感じのムンディング氏が私たちに与えた好印象は結局最後まで変わらなかった。翌日彼は同僚のベリエール氏と一緒に看板を担いでやって来た。ベリエール氏は二メートルを超える長身の陽気な好青年だった。畳一畳ほどの看板は「売り物」と大きく書いた下に会社名と電話番号が入った二つ折りのもので、これを人目につくように道路に面したベランダの手すりの外に三角形に突き出して縛り付けていった。ついでに室内の写真を撮っていたが、次の日にはインターネットにも広告を出したから見ておいてくれと電話があり、なかなか手際の良い仕事ぶりだった。

ベリエール氏が連れて来た最初の客は若いカップルだった。女性の方は熱心に部屋を見て回ったが相手の男性はあまり興味が無さそうだった。結局、休暇明けにもう一度見せてほしいと言って帰って行った。数日してムンディング氏から明日別の客を連れていくからとの電話があった。承諾した後、買い手に少しでも良い印象を与えるようにとゆきこと二人で部屋の中を片付け始めた。次の客も若い二人連れだったが、その日のうちにムンディング氏を通じて予算が足りないからと断ってきた。例年十一月から一月にかけては祭日が多く、特にクリスマス休暇にかかると客足が途絶えるということだったが、実際にこの時期に入ってからは家を見たいという申し出が殆ど無くなった。それでも年が明けて三月に入ると、二人の担当者が同じ日の午前と午後に振り分けて客を連れて来るほどに来客が増えて私たちを慌てさせた。中には新婚の若夫婦、独立した息子のために買ってやるのだと田舎から出て来た年老いた夫婦、一人娘の結婚を祝って資金援助する父親、これから結婚する若いカップルなど、決まるまでの数カ月間になんと二十五組、延べ五十数人の購入希望者が二人の担当者に連れられて入れ替わり立ち替わりやって来た。フランス人だけではなかった。この国に住むモロッコ人、アルジェリア人など北アフリカのマグレブ系の人たちや、遠くベルギーからの問い合わせもあった。

十年余りを過ごしたこのアパルトマンをいよいよ手放す時が来た。十時に不動産会社のムンディング氏と落ち合って公証人事務所に向かった。「いよいよ最後ね」と淋しがるゆきこを先に立てて会議室のドアを入る。公証人フラマン氏と購入希望のフランス文化省の役人で独身のトリオ氏の二人は既に来ていて私たち三人を迎えてくれた。お互い一通りの挨拶を終えて本題に入った。

公証人は先ず、ここ三カ月にわたって調査した結果、売り手買い手双方に何らの問題も無かったのでこの案件は正式に成立すると述べ、売買契約書の項目ごとに説明を始めた。私は自分に直接関係する項目は注意深く傾聴したが、買い手の項目はぼんやりと聞き流していた。二十ページにも及ぶ契約書を説明し終えて問題がないことを確認したフラマン氏は双方に署名を求めた。ムンディング氏はゆきこと私の間に席を移して彼女が署名しやすいように契約書のページを一枚ずつめくり、全ページに署名を終えると私の方に回してよこし、もう一部の契約書を開いて同じように彼女の署名に手をかした。私も署名を終えた契約書を順次トリオ氏に回し双方が署名を終えると期せずして顔を見合わせ、暗黙のうちに「終わったね」と頷き合った。

これまで緊張気味だったフラマン氏も大役を終えてほっとした面持ちで私たちに話しかけた。

「これで全部終わりましたが何か質問でもあれば」

それまで黙って事の成り行きを他人事のように見ていたゆきこが突然口を切った。

「アパルトマンがなくなって、フランスの生活も終わりですわ。私はフランスの生活がとても気に入っていてずっと住みたかったのに。悲しいことです」

アパルトマンの売却を任されていたムンディング氏は度々この愚痴を聞かされていたので、この場になってもまだ言ってるとでも言いたげに笑っていたが、公証人のフラマン氏は吃驚したようだった。

「奥さんはフランスがお好きですか」

「ええ、大好きです。特にソー公園のあるこの界隈は素晴らしいところでした。死ぬまでこちらに住みたいぐらいですわ」

私の顔をちらっと見てにやりと笑った公証人がゆきこに向かって続けた。

「マダム・オグラ、どうですか。この際ムッシュ・オグラだけに日本に帰って頂き奥さんはフランスに残られては。人生はまだまだ長いですよ、そのうちに良い人も現れるでしょうし。素晴らしいアイデアだと思いませんか」

どうだと言わんばかりの得意顔で彼は私の方を見た。期せずして全員が爆笑し、その場の雰囲気ががらりと和らいだ。私はすかさず反撃した。

「その手には乗りませんよ、フラマン先生。あなたは私たちのアパルトマンの売買で良いビジネスをされた上に、今度は私たち夫婦の離婚調停でひと儲けし、家内の再婚でもうひと儲けしようと企んでいるのですか」

## 帰国――闘病――再訪仏

二〇〇八年七月二十一日、住み馴れたフランスを後に私たちは帰国の途についた。半年近くかかった帰国前の引越準備と不動産売却による心身への負担に加えて、帰国後の長らく忘れていた日本の異常な高温多湿の中での引越作業の無理が災いして、帰国からひと月ばかり経った九月初め、ゆきこが突然胸椎圧迫骨折を発症し、考えてもいなかったベッド生活を余儀なくすることになった。僅かな体の動きが神経を刺激して激痛を伴い寝返りを打つことさえままならぬ状態に陥った。鎮痛剤で痛みを抑えコルセットで上半身を固定し、時間をかけて回復を待つしかなく、発症三カ月後の検査でも更に半年の安静が必要だと宣告された。しかし「寝たきり」になることだけはどうしても避けたい。ベッドへの上がり下がり、室内での歩行訓練から始めた根気強いリハビリによって、半年後には我が家の裏の川に沿った遊歩道を人の手を借りずに歩けるまでに回復した。毎日が苦痛との闘いだった。

通院以外にはほとんど外界との接触がないままに過ごしていたゆきこの頭の中には、ついこの間まで暮らしていたフランスの生活がそのまま残っている。リハビリに歩行訓練する川沿いの景色もフランスで見慣れた街路樹であったり、いつも散策した公園の林であったり、全てがフランスの景色と重なっていた。ベッドに横になれば出品した幾つかのサロンのポスターが重なり合って目に入った。素晴らしかったフランスの生活に思いを馳せれば馳せるほど、逆に気が落ち込んでいくばかりだ。ましてアトリエで自分の年齢など意識することもなく絵を描くことに打ち込んでいた毎日から、或る日突然、医師から年齢を考えなさいと後期高齢者の烙印を押された彼女は、徐々に回復する体とは反比例して気持ちは落ち込みがちだった。

そんな時に、ゆきこのもとにフランス航空から翌年四月でマイレージ・ポイントの有効期限が切れるので是非予約だけでもとの通知が届いた。無料の飛行便を流す手はない。二〇一〇年四月初め私たちは再びフランスに向かった。一年九カ月ぶりだった。彼女は体力的にまだ十分に回復していなかったが、私はかつて充実した生活を送ったフランスに戻って、以前のように元気を取り戻すことが出来ればと期待した。長時間の空の旅にも耐えて無事にパリの空港に到着した。私たちはまた以前と変わらぬフランスの生活にすんなりと入っていった。

パリに着いて三日目にモンパルナス界隈に出掛けた。ゆきこにはまだ階段の上り下りが無理なのでメトロの乗換駅も選ばなければならない。モンパルナス駅で地上に抜けるエスカレーターを上ると、そこには相変わらず大勢の人たちで混み合うモンパルナス広場があった。通い慣れたモンパルナス大通りを、ボーザールのアトリエの前を過ぎてグランド・ショミエールのあるヴァヴァンの交差点に向かった。その時、驚きもあらわに近づいてきた女性が「ユキコ！」と叫んで抱きついてきた。ボーザールのクラスメート、イザベルだった。彼女らは抱き合って再会を喜んだ。そしてその数日後、今度はボーザールの教師リーズとばったり出会ったのである。それだけではない、次の日曜日、サクレクールの丘の麓を走るコーレンクール通りにあるレストランの木陰で昼食をとっていると、道路の反対側から青信号で渡ってきた肥満の女性がゆきこを見るなり大手を広げて飛んできた。旧知のモデルさんで、お互い頬をぶつけ合わんばかりにビズゥを交わして再会を喜んでいる。彼女はかつての友だちに出会って以前の生活に急速に戻っていった。ボーザールの旧師ピケッティ氏の特別の計らいで校長先生の許可が下りたからと異例の再入学を果たした彼女は、まだ完全とは言えぬ体力を振り絞ってアトリエ通いを始めた。一方でグランド・ショミエールのアトリエでもアルトズール氏が再度の来仏を喜んで、近く開催する展覧会に是非特別出品するように誘ってくれたからと此処にもせっせと通い始めた。いまやリハビリどころではなく彼女の旧に倍した芸術活動が始まった。

三カ月後、先生のお陰で無事に旅行を終えましたと帰国報告を兼ねて診察に出向いた病院では、担当の医師が見違えるように回復したゆきこに驚いた。

「私は何もしていませんよ、あなたの気力が病気に打ち勝ったのです。それにしても、奇跡としか言いようがありませんね」

翌二〇一一年の正月、例年のように我が家に息子たちの家族も集い一緒に正月を祝った。前年のフランスでのリハビリですっかり自信を取り戻したゆきこが、もう私たちも歳だから二人揃ってフランスに行けるのは今年あたりが最後だろうねと言いだした。

「私はパスするよ、十二時間の空の長旅はいい加減嫌になった。今年はママだけ独りで行くんだね」

私が逃げ腰になると、そんな薄情な事を言わずに今年も二人一緒に行ってらっしゃい、二人ともまだまだ元気なのだからとみんなが母親の肩を持つ。これに気を強くして彼女が付け加えた。

「以前から参加したかった研修会に、今年を逃すともう行けないかもしれないからね」

帰国後ゆきこにとって特に心残りだったのが、フランス滞在中私の反対で実現出来なかったある研修会への参加だった。古典的な巨匠の作品は別として、パリの国際的なサロンに出品される現代画家の作品の中で、彼女がもっとも気に入っていたのがフランスの女流画家ミッシェル・トーパン女史の油彩だった。古代ギリシャ神話をテーマに彼女が描く活き活きとした女性群は、美の絶頂にある女性たちを象徴し、薄い衣をまとったその裸身は妖しいまでに美しく彩られている。フランスの幅広い芸術活動の一環として、毎年現代の著名芸術家による夏期特別講習がある。ゆきこはトーパン女史の講義を受けたくて毎年のように私に同行を求めた。私の反対理由はほかでもない、パリから五百六十キロ南のヴァランス市から更に三十キロも入ったところで、しかも参加者全員が一週間寝食を共にしての特訓だからだ。絵を描かない私に、その間、何をしていろというのだ。

三月に東日本大震災が発生したので一時はフランス行きの中止も考えたが、結局前年同様三カ月の予定で私たちはフランスに向けて出発した。主目的はなんといっても『コンポジションの中の女性像』と題するトーパン女史の講習会参加だ。TGVヴァランス駅に着いて専用のタクシーを呼び、同じ列車でパリから到着した二人の女性と相乗りで目的地に向かった。ローヌ河に沿ってしばらく南下した後、西に向けて丘陵を登って行く。タクシーに取りつけたGPS

の画面には蛇行する一本の曲線だけが何処までも続く。初対面の車中の四人は自己紹介も終えひとしきり会話が弾んでいたが、夕暮れが近づき薄暗くなった空から俄かに降り出した雨に、車内は静まり返った。その時、谷川に沿った森の中に忽然と大きな古びた石造りの建物が現れた。

ここアルデッシュ県の広大な自然に囲まれ、芸術的な創造を育むこの環境は、十二世紀以降の歴史の中にもたびたび現れます。昔ながらの風格を持つ各部屋と、ムリオン様式の窓とモニュメンタルな暖炉のあるサロンは、領主ピエール・グールが粉ひき娘を口説いた中世の真っ只中に貴方を誘うことでしょう。（パンフレットより）

全員が揃ったところで歓迎のアペリティフが始まった。女性が二十数人に男性はわずか四人。アメリカ、スイス、ベルギー、イタリアそれに日本から一人ずつ参加したほかはフランス人だ。それに私を含めた付き添いの男性が四人。主催者側はトーパン夫妻、館の持ち主ロベール夫妻、若くて粋なシェフ・マチューと手伝いの女性。

翌月曜日の朝から授業が始まった。九時から十二時までと午後三時から六時まで。午前中は裸婦をモデルのデッサンだから付き添いの男たちは締め出される。長年パリの美術学校でキャンバスに向かって立ち続けることに慣れていたゆきこも、さすがに初日は緊張したのか「地獄の特訓」だと疲れた顔で部屋に戻ってきた。昼食を知らせる鐘の音に全員中庭に準備された長テーブルに着く。前日タクシーに相乗りしてきたジェヌヴィエーヴ夫人は疲れ切った様子で食欲も進まぬようだ。昨夜はよく眠れなかったらしい。無理もない、相部屋なのだそうだ。

絵を描かない男たち四人は、朝のうちは山道でイノシシの足跡を追ったり、プラタナスの木陰に椅子を持ち出して他愛ない世間話に興じたが、それにも飽きるとサロンの大型テレビを囲んでツール・ド・フランスの観戦に時を過ごした。フランスの夏はツール・ド・フランスとともに始まる。毎年コースを変え二十日間にわたる熾烈な自転車レースとはいえ、間もなく百回を数えるヨーロッパでは最も権威のある伝統的な国際競技で、特に地方の人たちは熱中する。ブルターニュから来たジャンは若い頃に一度参加したことがあると言うだけに詳しい。特に山岳地帯の走行は死にもの狂いの闘いだと身振り手振りで説明してくれる。次第に熱が入り、「ドーピングで優勝したアメリカのアームストロングはツール・ド・フランスを冒瀆するとんでもない奴だ。七連勝を取り消されて当然さ」と興奮してくる。伴走する車やヘリコプターから中継されるテレビの画面は、競技の厳しさもさることながら、地方色豊かな田園風景やその土地にひっそりと佇む小さなお城やバカンスのキャンピング・カーを道路わきに停めて応援する沿道の人たちを映しだしていて楽しい。


初日の夕食が終わるとロベールがしわがれ声で叫んだ。

「これから夜の授業が始まります！　サロンに集まって下さい！　絵を描かない人たちも一緒にどうぞ！」

昼間の実技を補足する理論の講義だ。ピカソやマチスの代表作が如何に理論的に構成されているかをスライドを用いて解説し、次いでトーパン女史本人の作品を例に、制作の過程でどのように構成し、形や色を完成させていくのか、黄金比に分割した多くの直線が交わるデッサンから始まって完成に至るまでの、進捗に応じて写した数十枚のスライドで具体的に説明される。さすがにポリテクニックでも教えた経歴の持ち主だけに、素人の私が聴いても興味深い。講義は十時を過ぎるまで続いた。夜の講義は毎夜議題を変え、芸術論にまで及んだ。

気が付くと、食事どき私たちのテーブルには、同じ年代のジェヌヴィエーヴ夫人、定年になったばかりでピレネー地方から参加の建築家ディディエ氏、ブルターニュから来たジャン夫妻と決まって同じ顔の年配者が座っていた。フクシマの原発事故は、電力の七十五パーセントを原子力に依存するフランスにとっても重大な関心事だ。事故直後には何人かの友人から家も車も提供するから家族全員でフランスに避難しておいでとメールと電話が来て驚いたが、ここでもたびたび食卓の話題に上った。

「心配しても仕方ないわ、私はもう先が短いんだから」

ぽつりと呟いたジェヌヴィエーヴも、やがて少しずつ元気を取り戻したようで、機知に富んだ会話でみんなを笑わせた。こんな人里離れたところで急病人が出ると大変だねとディディエが言う。でも今回はお医者さんがいるから大丈夫だよと、私は離れたテーブルにいるトーパン女史の夫君シモンを見て言った。すかさず私の隣の席のジェヌヴィエーヴが、ちょっと声をひそめて私に注意した。

「彼は病気でもう引退してるから過去の人なのよ、だから現在形ではなく半過去形《アンパルフェ》で話さなければ。かつてドクターだったのだから、イレテ・ドクターとね」

唖然としている私に更に彼女は付け加えた。

「複合過去形《パッセコンポゼ》でもいいのよ、もう完全に終わった事実だからイラ・エテ・ドクターと」聞き耳を立てていた周りが一斉に噴き出した。反対隣にいたゆきこなどは食事が喉を通らないと笑いこけている。後ろのテーブルでは何事かとみんなが振り向いている。ジェヌヴィエーヴはすまし顔で、私の耳元で念を押した。

「会話に単純過去形《パッセサンプル》を使っては駄目よ、文章に書く時だけ使うのよ」

その日以来、私たち夫婦とジェヌヴィエーヴとの間では、シモンを半過去ドクターと呼んだ。

七月十四日、祭日のフランス独立記念日にも授業は行われたが、夜の講義は休講となり、夕食を終えたテーブルが片づけられて踊り場が作られた。企画のロベールが突然フランス国歌『ラ・マルセイエーズ』のテープを流してその場の雰囲気が一瞬引き締まった。続いて『君が代』が流れて私たち二人を驚かせた。ゆきこと私は慌てて立ちあがって胸に手を当てた。その場にいたみんなも日本の国歌だと判ると一斉に拍手をして祝ってくれた。思いがけぬロベールの心遣いにちょっぴり胸が熱くなった。そのあと『星条旗』、『イタリアの同胞よ』と続き、彼らも私たちにならって神妙に立ちあがった。

そして山の中の古い館でのダンスパーティーが始まった。毎日の緊張を吹き飛ばすようにみんな体を弾ませて踊った。私たち夫婦も久しぶりにダンスを楽しんだ。半過去ドクターも跳んだり跳ねたり張り切っていたが、何時の間にか片隅の椅子で居眠りを始めていた。翌日の授業に差し障りがないようにと早めのお開きとなった。ゆきことひと踊りして戻ってきたジェヌヴィエーヴが息を切らせながら私に言った。

「私はもう七十九歳なの、歳だわね」

歳など関係なしにいつまでも美しさを大切にするフランス女性からこんな言葉を聞くのは初めてだった。

「じゃあ同じ歳だ、三十二年生まれだね」と私。

「私もあまり違わないのよ、お互いまだ若いじゃないの」とゆきこが続けた。

今度はジェヌヴィエーヴの方が驚いた様子だった。

「そうね、まだ若いよね、私たち」

彼女は自分に言い聞かせるように呟いて、何か安心した様子で「ボン・ニュイ」と挨拶して部屋に戻っていった。

一日一日が過ぎていった。最終日、ゆきこはトーパン女史と向き合っていた。

「貴女は、アフリカでサハラ砂漠に入り、砂漠の幻想的な美しさに感動し、それを表現したくて絵を学び始めたと言ったわね。アーチストにはこの感動が一番大事なことなの」

「貴女のデッサンは既に完成の域にあるわ。あとは構成と色彩をしっかり勉強なさい。大きな美術展にどんどん挑戦なさい。大丈夫よ、百号だって二百号だって。私だって梯子に登って描いてるのだから。さあ、走り出すのよ、ユキコ！　セ・パルティー！」

いよいよ別れの刻《とき》が来た。私たちはまたタクシーでヴァランス駅まで戻るので、相乗りしないかとジェヌヴィエーヴに持ちかけた。彼女は朝九時の列車でパリに戻ると言う。私たちは昼前の列車で逆方向のニースに行く予定なので、では此処でお別れだねと別々にタクシーを呼ぶことになった。私たちはお別れのビズゥをしてジェヌヴィエーヴが迎えの車に乗り込むのを見送った。

「ヌ・ザヴォン・アンコール・ボクー・ド・タン（私たちにはまだたっぷり時間があるわね）」

動き始めたタクシーを停めさせて、わざわざドアを開け半身を乗り出したジェヌヴィエーヴは、見送りの私たちに手を振って叫んだ。

# おわりに

「定年になったら、定年になったら、定年になったら……」

夢は果てしなく広がる。夢見ているだけではない。私は実際に何人もの人から聞いている。オーストラリアの海岸近くにプール付きの住宅を買って快適な老後を過ごしたい、サンフランシスコの高級住宅地を考えている。先進国ばかりではない。物価も安く定年後は年金で充分やっていけるから、人情の厚い東南アジアの開発途上国で過ごすつもりだと夢を語った友人もいる。昭和も終わろうとしていた時だったからもう二十数年も前になるが、当時の通産省の若い官僚がスペインのコスタ・デル・ソルかどこかに、こうした人たちのために日本人村をつくる「シルバー何とか計画」なるものを企画したことがあった。この計画は結局立ち消えとなったが、そのときこの村の村長に立候補しているという方の熱のこもった話も聞いた。

言うは易く、行うは難し。

いずれの計画もきっとよいところまで進んだに違いないが、何らかの理由で頓挫し諦めざるを得なかったのだろう。海外で定年後の生活を楽しんでいるという便りはまだ何処からも届いていない。
定年という人生の大きな区切りを迎える時点で、だれもが第二の人生について考え、新しい生活設計を立てるだろう。そしてその先には、誰の束縛も受けず宮仕えでも他人任せでもない自分自身で決めることの出来る新しい自由な人生がある。それに老いこむにはまだまだ早い年齢でもある。「だからもっと働かねば」という人はさておいて、「だからこれから楽しむのだ」と考えている方々に少しでも私たちの経験が参考となれば幸いである。

私たち夫婦にはフランスが心のよりどころとして大きく支えとなった一時期があり、このためにフランスに対して特別な思いがあったことは否めない。そして、帰国後、健康を損なって病床に伏したゆきこに再び立ち上がる気力を与えてくれたのもフランスの生活だった。私たちが期待した以上に素晴らしかったフランス生活を第一幕とすれば、始まったばかりの日本での定年生活は第二幕ということになる。これからが私たちの本格的な定年生活となるのだろう。残された人生、この限りなく平和な国の、美しい自然と恵まれた環境の中で、フランスを上回る素晴らしい第二幕の人生を送りたいと思っている。

おぐら　のぶお（小倉　信雄）

理学博士
1932年　旅順市（現中国大連市）生まれ
1955年　東北大学理学部地学第２学科卒業、住友金属鉱山㈱入社
1955～1988年　国内、海外勤務、フランス原子力庁留学
1976～1979年　海外ウラン資源開発㈱（出向）ニジェール・ニアメ事務所長
1984～1988年および1990～1996年　国際協力事業団（現国際協力機構：JICA）より専門家としてニジェール派遣、同国鉱山資源公社（ONAREM）総裁付技術顧問
1997～2008年　フランス居住

著書ほか
『ニジェール　― 鉱物資源の開発に挑む ―』（1997）科学新聞社出版局
「ラロックの墓所探索」（2006）、「ラロックの子孫探索」（2008）『住友史料館報』
*Recherche de la Sépulture de Louis Larroque*（2008）Publibook社
『ニジェール　― 独立50年の全体像 ―』久保環共著（2013）東京図書出版
ニジェール共和国国家功労章シュバリエ勲章（1988）、同オフィシエ勲章（1996）叙勲。国際協力事業団国際協力功労者表彰（1996）

表紙絵　おぐら　ゆきこ（小倉　ユキ子）

1933年　山形市生まれ
1956年　山形大学文理学部経済学科卒業
1961～1963年　ニューカレドニア居住
1984～1988年および1990～1996年　ニジェール国居住
1997～2008年　フランス居住

| | | |
|---|---|---|
| 絵画歴 | 1999年～ | Grande Chaumière Paris France |
| | 2001年～ | Beaux-Arts du Montparnasse, Paris |
| 所　属 | 2003年 | Indépendants France会員、Versaillaise des Artistes 会員 |
| | 2004年 | NAC会員 |
| | 2005年 | Artistes Scéens France会員 |
| | 2011年 | 春秋会会員（東京） |
| | 2014年 | 日洋会会友（東京） |

# ボンジュールていねん

— 定年後を海外で過ごしてみませんか —

2015年2月23日　初版発行

著　者　おぐら　のぶお

発行者　中 田 典 昭
発行所　東京図書出版
発売元　株式会社 リフレ出版
〒113-0021　東京都文京区本駒込 3-10-4
電話 (03)3823-9171　FAX 0120-41-8080
印　刷　株式会社 ブレイン


ISBN978-4-86223-827-6 C0095
Printed in Japan 2015


ご意見、ご感想をお寄せ下さい。

［宛先］〒113-0021　東京都文京区本駒込 3-10-4
東京図書出版